Anaïs Jazmine

LA MÉTHODE BELLYSCULPTING

pour un ventre plus plat

Une fusion unique & holistique en pleine conscience, pour toutes les femmes et pour tous les corps.

LEDUC

REJOIGNEZ NOTRE COMMUNAUTÉ DE LECTEURS !

Inscrivez-vous à notre newsletter et recevez des informations sur nos parutions, nos événements, nos jeux-concours… et des cadeaux !
Rendez-vous ici : **bit.ly/newsletterleduc**

Retrouvez-nous sur notre site **www.editionsleduc.com** et sur les réseaux sociaux.

Leduc s'engage pour une fabrication écoresponsable !

éditeur écoresponsable

« Des livres pour mieux vivre », c'est la devise de notre maison. Et vivre mieux, c'est vivre en impactant positivement le monde qui nous entoure ! C'est pourquoi nous avons fait le choix de l'écoresponsabilité. Un livre écoresponsable, c'est une impression respectueuse de l'environnement, un papier issu de forêts gérées durablement (papier FSC® ou PEFC), un nombre de kilomètres limité avant d'arriver dans vos mains (90 % de nos livres sont imprimés en Europe, et 40 % en France), un format optimisé pour éviter la gâche papier et un tirage ajusté pour minimiser le pilon ! Pour en savoir plus, rendez-vous sur notre site.

Avec la collaboration d'Alix Lefief-Delcourt

Édition : Anne-Lise Martin
Relecture : Nathalie Mayevski
Photo couverture : MadeInK
Photos portraits (p. 10, 12-13, 35, 78, 106-107 et 212) et sport : © Catherine Delahaye
Set-design : Amélie Callier Broyer
Photos food : @anaisjazmine / **Stylisme culinaire :** Élodie Imankhan @latabledelo
Recettes : @mybeautyfuelfood @sofiiamanousha
Photos cristaux : SantaraHolistic / **Autres :** Audrey Bellone et Studio Solveig
Maquette intérieure : Studio SMARTHE
Design couverture : Antartik

10, place des Cinq-Martyrs-du-Lycée-Buffon
75015 Paris – France
ISBN : 979-10-285-2459-3

À toi Sofiia
À toi maman
À toi papa
Je vous dois tout.
Vous qui m'avez transmis l'amour,
je vous dédie ce livre.

À Nicimso, tu as contribué à mon épanouissement,
pour le meilleur et pour le pire mais surtout avec amour, mon amour.

SOMMAIRE

AVERTISSEMENT

Dans cet ouvrage, vous découvrirez tous les bienfaits d'une méthode unique et transformatrice pour obtenir un ventre plus plat, mais surtout des astuces naturelles et bien-être pour conserver un organisme en bonne santé toute l'année. J'ai tenu à mettre à la disposition de toutes et tous des clés accessibles pour un quotidien plus sain, et plus intuitif. Cet ouvrage ne vous livre pas la recette magique d'une méthode pour avoir un corps parfait, elle vous propose seulement les conseils d'un groupe d'experts, sélectionnés avec soin, afin de vous permettre d'acquérir toutes les connaissances du mécanisme de notre premier cerveau : le ventre. Je tiens aussi à rappeler à tous les lecteurs que je ne dispose pas des compétences d'un médecin. J'ai été accompagnée et entourée d'experts de la médecine qui ont validé et confirmé tous les bienfaits du BellySculpting. Je les en remercie.

Le BellySculpting est une méthode ventre plat que j'ai eu l'idée de créer lors de ma première année de formation en tant que professeure de Pilates en mars 2020. Je tiens à préciser que cette méthode s'appuie sur une fusion unique et novatrice de deux techniques, mais j'insiste sur le fait que le Stomach vacuum et le Pilates sont deux disciplines déjà existantes que je n'ai pas inventées. Je pense simplement avoir démocratisé le Stomach vacuum *Uddiyana Bandha* en tentant de le remettre au goût du jour.

LE POUVOIR QUE LES GENS ONT SUR TOI EST CELUI QUE TU LEUR DONNES.

Parole de grande sœur

NOTE AUX LECTEURS

À cet instant précis, je n'arrive pas à imaginer qu'un jour cet ouvrage puisse réellement exister. Je me dis qu'il s'agit d'un projet lointain et qu'il n'existera sans doute jamais. Peut-être est-ce ce manque de confiance qui m'habite de temps à autre et qui m'empêche d'apprécier le présent. Quelle drôle d'ironie finalement que celle de ne pas savoir profiter du moment, mais d'avoir créé une méthode qui repose sur la pleine conscience. Je souris en tapant ces quelques lignes sur mon clavier et je me projette le jour où je lirai ces quelques lignes imprimées et décorées dans un joli livre qui sera le mien. Oui, le mien. Lors de ma dernière séance de psy, je me souviens avoir regardé la thérapeute en lui glissant ces quelques mots : « Peut-être que vous avez raison, et que oui, je ne me sens pas légitime. »

À cet instant aussi, je comprends que cette part d'insécurité qui m'empêche de vivre le moment présent depuis des années est la conséquence directe des paroles, des mots, des messages humiliants que j'ai reçus sur les réseaux sociaux. Paradoxalement, cette humiliation a fait naître cette grande force qui me permet aujourd'hui d'écrire ces lignes et de créer cet ouvrage que vous tenez désormais entre vos mains. Je m'adresse à vous chère lectrice, cher lecteur, et je vous ordonne de toujours croire en vous. Je vous ordonne de ne jamais ou de ne plus jamais vous imposer quoi que ce soit de négatif et de profiter de la vie. Je vous souhaite de pouvoir, comme moi, penser et imaginer un projet qui vous procurera de la fierté et surtout sachez que, comme moi, vous êtes légitime d'instaurer votre propre vision au reste du monde, et d'écrire votre propre histoire.

Préparez-vous, chère lectrice, cher lecteur, à devoir vous battre, car la vie est un combat, et on vous rattrapera toujours pour vous dire que ce n'est pas ainsi qu'il faut faire. On vous reprochera toujours de faire ce qu'il ne fallait pas, ou de ne pas faire ce qu'il aurait fallu. Vos diplômes et autres certifications seront toujours plus considérés que votre passion et vos connaissances personnelles.

REMERCIEMENTS

En février 2018, sur la plage d'Agadir au Maroc, MyBeautyFuel Food est née. Une aventure que j'ai créée aux côtés de ma sœur Sofiia Manousha. Deux ans plus tard, elle m'a poussée à tenter ma propre aventure. Je la remercie d'avoir toujours cru en moi. Je la remercie de m'accompagner dans mes choix et de toujours me protéger. Ce livre ne serait pas ce qu'il est sans MyBeautyFuel Food, une aventure familiale jusqu'au bout.

En mars 2020, j'ai commencé ma formation de Pilates à l'école BASI aux côtés de Verena Tremel, la fondatrice du studio Rituel. Bien plus qu'une professeure, elle a été un mentor, à qui je dois tout mon apprentissage, ma technicité, mon professionnalisme mais surtout ma passion pour le Pilates. Je n'aurai jamais les mots pour te dire ô combien tu m'as permis d'en arriver là où j'en suis.

J'ai eu la chance d'avoir été accompagnée tout au long de cette aventure par Alix Lefief-Delcourt qui est venue à ma rencontre en juin 2021 pour me proposer l'écriture de ce premier livre. Sans elle, cet ouvrage n'existerait pas. Je remercie Barbara Astruc pour sa confiance, ainsi que les Éditions Leduc.

Je remercie bien évidemment toute ma famille pour son soutien et son amour, ainsi que mon groupe d'amis. Je remercie particulièrement Raphaëlle Olivo, ma collaboratrice, qui m'a aidée à faire exister le BellySculpting. Je remercie aussi ma chère Eléonore Heuzé (Agence Frenchlight) pour sa loyauté, son amitié et son soutien en tant qu'attachée de presse. Je remercie Grace Wilson pour son accompagnement et son soutien au quotidien.

Je tiens à remercier du fond du cœur Camille Callen, un petit bout de femme incroyable, pour qui j'ai beaucoup d'affection et de reconnaissance, sans qui ce rayonnement n'aurait pas été le même. Je lui dois beaucoup.

J'ai également été guidée par des personnes très bienveillantes et professionnelles, qui m'ont conseillée dès les débuts de cette collaboration. Je remercie Isabelle Brokman et Kenza Sadoun-Glaoui.

Un remerciement tout particulier aussi pour l'ensemble des intervenants qui ont contribué à la création de ce livre : Alexis Delobaux, chirurgien plastique ; Charlotte Wang, ostéopathe ; Sofiia Manousha, de My BeautyFuel Food, experte en alimentation intuitive ; Aurélie Canzoneri, experte naturopathe ; Marion Kaplan, bio-nutritionniste ; Ophélie Thiéblemont Kataba et Amina Kriket, coachs en neurosciences ; Mayia Alleaume, fondatrice de Sentara Holistique ; Elodie Imankhan, styliste culinaire.

Je remercie Franck Loo, un ami qui a contribué à mon évolution spirituelle.

Ils ont contribué à l'aventure :

Salah Nacer | Vincent Zerbib | Solveig Janselme | Aka Bonni | La team Maximaloc | Laurent Assouline | Melissa Biard | Studio Benzene Paris | Ryan Manuel | Théo Christe

Ils ont contribué à mon évolution et à mon rayonnement dès le début

MyBeautyFuel Food | Studio Rituel | Elsa Wolinski | Tifanny Buathier (The Good Live) | Wellness | Dplus for care | Julie Granger | Studio Kind Yoga | Studio Slowellness

Ils ont contribué à mon bien-être et à mon équilibre

Myalinda | Docteur Zriouel | Maxime Krantz | Tantély Rakotoson

ILS M'ONT FAIT CONFIANCE ET JE NE LES OUBLIE PAS.

INTRODUCTION

J'ai créé le BellySculpting en 2020, en pleine pandémie mondiale. Pendant deux ans, j'ai observé vos modes de vie et écouté vos problématiques : quotidien speed, complexes physiques, fatigue intense, stress chronique, anxiété, tensions, prises de poids anormales, problèmes et déséquilibres hormonaux, troubles alimentaires, troubles digestifs, maladies chroniques, baby blues, mauvaise rééducation du périnée lors du post-partum, début de ménopause…

Ces problématiques concernent aujourd'hui toutes les femmes, que vous soyez étudiante, jeune maman, que vous ayez une vie sociale et professionnelle très active, ou que vous soyez en début de ménopause… Il était essentiel pour moi de développer une méthode sur-mesure qui respecte les besoins, les envies, le quotidien et les morphologies de toutes les femmes, efficacement, en douceur et en pleine conscience.

Élaboré à partir de deux disciplines douces basées sur la respiration, le **Stomach vacuum** (ou gymnastique abdominale hypopressive) et le renforcement postural *via* la **méthode Pilates**, le BellySculpting vous permettra de travailler les muscles profonds de la sangle abdominale et du plancher pelvien, intensément, en douceur, et en toute simplicité. Les résultats sont immédiats et des bienfaits physiologiques sont perçus dès la première séance.

Objectifs

« Un ventre plus plat, une taille et une silhouette affinées, mais pas seulement ! »

Le BellySculpting est bien plus qu'une simple méthode « ventre plat » : elle permet aussi d'apporter une sensation de bien-être général, stimule le transit, soulage les menstruations douloureuses, rééquilibre le système hormonal, dynamise la circulation sanguine et lymphatique, apaise le stress, améliore la qualité du sommeil… Certaines pathologies telles que le syndrome du côlon irritable et l'endométriose sont soulagées dès les premières séances. De nombreuses femmes ont observé une diminution de leur ventre et de leurs douleurs pendant leurs règles.

Le BellySculpting accorde aussi une large place à la pleine conscience et à la respiration : on oxygène davantage ses cellules et ses muscles, on maîtrise et on visualise davantage son corps, on détoxifie son organisme grâce à l'action du massage sur les viscères. Un véritable travail complet, intense, doux, accessible à toutes, sans à-coups, aux effets immédiats, durables, le tout **en pleine conscience**.

Preuve de son efficacité : en quelques mois seulement, ma méthode a été validée par plus de 10 000 femmes en France et à l'étranger, et notamment par de nombreuses personnalités influentes. Comment expliquer un tel engouement ? La pandémie et les confinements successifs ont été l'occasion pour de nombreuses femmes de prendre conscience de l'importance de leur santé mentale et physique, de se prendre en main en faisant plus de sport, en modifiant leur alimentation, en s'accordant davantage de soins, en se tournant vers la chirurgie esthétique… Une étude a ainsi démontré que les femmes n'avaient jamais été aussi désireuses de franchir le cap de la chirurgie/médecine esthétique. Les réseaux sociaux ont été pour moi le moyen de faire connaître ma méthode et de créer une discipline sportive et holistique innovante, avec une approche moderne, globale, complète et très ciblée.

J'évoque dans ce livre de nombreux liens avec la médecine et l'alimentation. J'ai fait appel à plusieurs professionnels (ostéopathe, médecins en nutrition, chirurgien esthétique…) qui apportent leur point de vue d'expert sur le corps,

CETTE DISCIPLINE EST ACCESSIBLE À TOUTES, CAR ELLE A ÉTÉ CONÇUE POUR VOUS, ET À VOS CÔTÉS.

l'anatomie, les femmes, et nous confient leurs secrets pour obtenir un ventre plus plat, en conscience. Je vous propose aussi, à la fin de cet ouvrage, des recettes anti-inflammatoires, gourmandes, *guilty free* et sexy, dans le but d'obtenir ou de conserver un organisme en pleine santé.

NOTRE CORPS, NOTRE IMAGE SOCIALE

Aujourd'hui la plupart des femmes sont connectées à différents réseaux sociaux que je qualifie « d'apparences et de divertissements » : Instagram, TikTok, et Snapchat. Nous le savons, les réseaux sociaux sont devenus bien plus que des simples modèles ou exemples pour la vie en société : ils sont et façonnent la société. Les réseaux sont devenus les premiers outils de référencement en ce qui concerne la cote de popularité des individus, ils guident toutes les nouvelles tendances. De nombreuses femmes admettent avoir été « influencées » sur Instagram ou TikTok pour se mettre au sport, manger *healthy*, commencer un type de régime spécifique, consulter un chirurgien, passer le cap des premières injections, etc. Notre corps est devenu notre image sociale, une image que nous cultivons uniquement à travers des photos, vidéos courtes, ou encore avec certains filtres via nos téléphones. Cependant, il a été prouvé à plusieurs reprises que cette surabondance de virtuel avait produit un effet non négligeable sur la santé mentale et sur l'estime de soi des différentes générations : adolescents, jeunes adultes, adultes… Une vulnérabilité que l'on observe et que l'on ressent, créant ainsi une certaine addiction malsaine.

Nous nous comparons davantage aux autres, nous cherchons sans cesse à prouver quelque chose aux autres, nous nous jugeons à travers le regard et l'approbation de l'autre. De nombreuses femmes ont recours à la chirurgie esthétique pour se sublimer : *fox eye*, fils tenseurs, Botox, acide hyaluronique, visage ou corps, peu importe… Mais cette obsession pour le physique va engendrer chez certaines une perte de confiance et d'estime qui va les pousser à aller encore plus loin, jusqu'à la transformation physique radicale, qui les dénature parfois totalement.

Pourtant, de nombreuses femmes influentes sur les réseaux revendiquent l'acceptation de soi, des formes, imperfections, handicaps, « anomalies » physiques (taches de rousseur, vitiligo, albinisme, acné…), et créent aujourd'hui des nouvelles tendances comme le *body positivisme*. Et si s'accepter tel que l'on est était devenu la nouvelle tendance ? Et si aujourd'hui prendre soin de soi, faire du sport et mieux manger répondait à un souci de santé et non plus à un unique souci d'esthétique ?

Le BellySculpting s'inscrit aussi dans cette continuité : une méthode ventre plat aux vertus physiologiques et thérapeutiques ne vise-t-elle pas finalement à soigner nos maux ?

PARTIE 1

Avant le BellySculpting

Drame familial

Comme beaucoup de personnes, j'ai vécu (survécu à) un drame familial qui nous a tous retournés. Toutes les familles ont leur lot de petites ou de grandes histoires, et j'en ai été le personnage principal.

Très proches de tous les membres de ma famille, ma sœur et moi avons eu une enfance heureuse et assez équilibrée. Enfin, pendant un certain temps… À l'âge de 8 ans, je suis victime d'un inceste. Des agressions sexuelles qui vont durer un an et bouleverser ma vie.

« Cette année-là, j'ai l'impression de subir le casse du siècle. »

Mes parents étaient déjà séparés depuis deux ans mais pas encore divorcés, et je ressens déjà dans l'énergie de la maison que tout va partir en fumée. Comme beaucoup d'enfants, je me suis bien évidemment demandé : « Est-ce que ça aurait pu être différent si je n'avais jamais rien avoué ? » Je ne me suis jamais vraiment sentie responsable de ce qu'il se passait, car nos parents nous ont toujours protégées, et ma mère communiquait beaucoup pour nous apporter des explications. Au vu de la suite des événements, vingt ans après, je continue de me dire parfois que les choses auraient peut-être pu finalement être différentes.

Un procès perdu à l'âge de 10 ans, un autre dans lequel je suis reconnue en tant que victime et lui en tant que coupable, mais une peine bien trop courte et bien trop légère pour un aussi gros drame, et une famille ravagée par la tristesse et l'injustice. À ce moment-là, je n'ai que 12 ans, je découvre l'essence même de ce qui me poussera à créer une méthode qui aidera des milliers de femmes.

Si vous aussi vous êtes victime d'agressions sexuelles, que vous soyez mineure ou majeure, trouvez dans votre force intérieure le courage d'en parler.

Le psy du jeudi

Tous les jeudis, mes parents venaient me chercher à l'école juste après la récréation pour aller voir un pédopsychiatre. J'ai 10 ans et je ne comprends pas pourquoi je dois me forcer à m'exprimer dès mon entrée dans son cabinet (à Bondy dans le 93). J'arrête deux ou trois ans plus tard, je ne reprends pas de séances. De toute façon, je vais bien, je vais mieux, enfin je le crois.

Dix ans plus tard, je décide d'entamer une psychothérapie avec une nouvelle thérapeute. Avec elle, je pratique l'hypnose, beaucoup de choses sortent. Le premier jour, elle me demande pour quelle raison je veux pratiquer l'hypnose. Je lui réponds qu'il ne se passe pas un jour sans que je repense aux abus sexuels que j'ai subis. Les mêmes images, le même décor reviennent. Elle me demande si ça fait longtemps. Je lui réponds que ça fait dix ans maintenant. Dix ans que certaines scènes sont épileptiques dans ma mémoire et me frappent tous les jours dès que je pense, réfléchis, ou dès que je mets mon cerveau sur off.

« Je suis amenée à me prendre d'engouement pour les thérapies, les psys et les médecines alternatives. »

À partir de mes 19 ans, je découvre et teste de multiples méthodes : acupuncture, EMDR, hypnose, chamane, guérisseur, médecine chinoise, ayurvédique, massages thérapeutiques, psychiatres, Reiki, Gong Bath, méditation... Je rencontre même des astrologues et des médiums. Je cherche à aller bien, à ne rien garder à l'intérieur de moi, à trouver des réponses toujours plus loin en explorant des domaines ésotériques. Je contacte des personnes pour commencer des nettoyages énergétiques, je me renseigne sur mes mémoires karmiques, je m'interroge sur mes vies antérieures, je médite pendant la pleine lune, ma chambre se remplit de cristaux, de bougies, d'encens. Je me mets à méditer de plus en plus, à pratiquer des protocoles de loi d'attraction, en me posant beaucoup de questions sur le pourquoi du comment de notre existence sur terre. Je tiens à tout prix à répondre à ces interrogations qui me hantent. J'apprends que tout est énergie et que l'on attire ce que l'on est. En juin 2021, je rencontre Grace (Amazonite Eyes) qui est clairaudiente, et nous devenons amies. Elle m'aide à transformer mes négations en affirmations positives, et à développer des carnets d'écriture.

En décembre 2021, je sombre dans une forme de dépression qui me conduit au burn-out, j'ai l'impression d'être morte de l'intérieur. Je me remets en tête tout le cheminement de ma vie et, pensant être bipolaire, je consulte à nouveau une psy. Celle-ci me certifie que je suis hypersensible, que c'est un don, que je ressens tout, vois tout. Soudain, les choses deviennent plus claires. J'apprends que je dispose d'une clairvoyance qui me permet d'anticiper les évènements, et que je ne suis ni folle ni déséquilibrée, au contraire. Je reçois de plus en plus d'informations dans mes rêves, je vois de plus en plus de dates clés.

Le lipœdème (la maladie des jambes-poteaux)

Mes hormones se développent alors que je suis encore très jeune. En primaire, ma poitrine est déjà voyante ; en CM2, elle est devenue celle d'une femme mature. Très complexée, je n'assume pas, je me cache beaucoup. Mes premières règles arrivent l'été qui précède ma rentrée en sixième. Je n'ai que 11 ans, ces premières règles sont très éprouvantes. À l'âge de 13 ou 14 ans, je décide de prendre la pilule et je me rends dans un planning familial du 18e arrondissement. Mes hormones semblent s'enflammer, ma poitrine prend énormément de volume, et mon corps est déjà soumis aux pensées grossières et sexuelles des garçons et de certains hommes. Que je le veuille ou non, je suis déjà une femme physiquement. Même si je suis très sexualisée pour mon âge, je m'en moque et j'en joue, car cela me permet de me sentir en confiance. Je refuse que mon drame d'enfance affecte mes relations amoureuses, je veux les vivre normalement.

« Très vite, mon corps subit un lot de changements assez perturbants. »

Je ne m'en rends pas compte tout de suite, mais mes jambes et mes mollets sont très gonflés. En fait, j'étais très sportive pour mon âge : l'athlétisme me paraissait être le seul lien logique dans ma vie. J'étais d'ailleurs très fine du haut, mon ventre était déjà plat et dessiné. Je me souviens m'être dit que mes jambes avaient un vrai problème et qu'elles n'étaient pas normales en voyant une photo de groupe de copines. C'est là que j'ai pris conscience que mes jambes étaient très gonflées et que mes chevilles ne ressemblaient à aucunes autres. C'est le début d'un complexe physique qui va durer quinze ans. Pendant des années, j'explore de nombreuses disciplines sportives pour m'affiner, je fais du yoga, de la piscine, je m'entraîne beaucoup à la salle de sport, je fais énormément de cardio, je deviens totalement accro

au sport. Résultats ? J'obtiens un corps très sec, dessiné, harmonieux, mais le bas de mon corps est complètement disproportionné, comme si j'étais coupée en deux.

J'ai beau me renseigner sur la question, pendant des années, c'est le néant. Les médecins me disent que c'est dans ma tête ou encore qu'il s'agit de mon alimentation, d'une simple allergie, et qu'il suffit de me doucher les jambes à l'eau froide et de les mettre en l'air 20 minutes avant de me coucher. Je suis complètement désespérée. Tout le monde croit que cette anomalie est inexistante, tout le monde me dit que mes jambes sont totalement normales (bien que je ne puisse porter ni jeans slim, ni bottes longues, ni bottines). Je suis très complexée par cette zone de mon corps qui me fait souffrir lorsque l'on me touche, et je me sens seule.

Un jour, ma sœur me parle de cette fille en Allemagne et de sa vidéo sur YouTube… Cette fille raconte son histoire, et bingo ! nous souffrons du même mal : le lipœdème, également appelé maladie des « jambes-poteaux ». Cette maladie chronique et évolutive implique un dépôt anormal de tissu adipeux sous la peau, provoquant une augmentation disproportionnée et progressive du volume des jambes et, dans certains cas, des bras. Une maladie peu connue, mais reconnue et soignée en Allemagne, Espagne et Belgique. Cette pathologie toucherait une femme sur dix, et surviendrait à la puberté ou à la suite d'un lourd changement hormonal. Beaucoup de spécialistes parlent aussi de chocs émotionnels qui peuvent altérer les hormones. Le lipœdème se localise principalement au niveau des chevilles, des mollets, des cuisses, et peut se développer sur les hanches, le ventre et les bras dans les cas bien avancés. Il existe plusieurs stades (1, 2, 3). Je suis atteinte d'un stade 1 généralisé sur l'ensemble du corps. Mes jambes, mes bras, mon ventre, mes cuisses, mes hanches sont touchés.

Comme chaque épreuve dans la vie, cette maladie me pousse à prendre encore plus soin de moi, à être attentive aux signaux de mon corps, et à devenir très réactive physiquement. Malgré tous les traitements que j'ai pu suivre, cette maladie est incurable. Je le sais, les médecins et chirurgiens spécialistes me l'ont dit. Le seul moyen ? Faire une liposuccion spécialisée, à mi-chemin entre la chirurgie esthétique et la chirurgie réparatrice. Alors je vais avoir recours à cette opération.

Une « rebeu » à part...

Je suis ce genre de personnalité sans filtres que l'on va adorer ou détester. Je n'ai jamais cherché à plaire à qui que ce soit, j'ai beaucoup de caractère, et c'est un trait de ma personnalité que j'assume totalement. Je ne me suis jamais sentie à ma place. Habitant en banlieue parisienne, je n'avais pas les mêmes réflexes que certains camarades de classe. Je ne trainais pas dehors après le collège (je n'avais pas le droit), je ne fréquentais ni les stades de sport ni les centres commerciaux. Je n'avais pas le même mode de vie ou la même façon de penser que mes camarades. Je m'intéressais à la photo, au cinéma et je faisais beaucoup de piano, et cela dérangeait mon entourage. Rapidement, je me fis totalement rejeter de mes camarades, je n'étais pas assez communautaire, et mes codes s'apparentaient trop aux codes des « blancs ». Je n'ai jamais vraiment eu l'âge que j'avais réellement. À 17 ans, j'en avais 27 dans ma tête, et je me sentais très peu à ma place dans mon quotidien d'adolescente. Est-ce le fait d'avoir été confrontée à la police et à la justice très jeune qui m'a fait grandir si vite ? Parfois, je me dis que je n'ai pas vécu mon enfance et qu'on me l'a retirée subitement – une innocence disparue bien trop tôt.

Mon adolescence a été douloureuse. J'étais en conflit permanent avec ma mère, qui s'est démenée toute sa vie pour ma sœur et moi. Mon père était présent à sa manière, mais je ne le voyais que très peu, quelques samedis par-ci par-là. Je l'ai idéalisé toute ma vie et aimé plus que tout au monde.

« Ma famille est très importante pour moi, elle constitue une grande partie de ma force de caractère et de mon inspiration. »

J'ai eu beaucoup de chance d'évoluer dans une famille aimante qui nous a inculqué des valeurs très importantes de respect, de générosité, de partage, de don de soi... Ma tante qui m'a élevée comme sa fille, mon oncle et mes petits cousins ont été très présents, ils le sont toujours. Nous sommes très soudés.

En quête d'identité

Pendant des années, ma sœur Sofiia a eu le rôle de la mère que j'écoutais et que je respectais. Elle a forgé une très grande partie de ma personnalité actuelle. Je lui suis très reconnaissante pour toute cette richesse culturelle et artistique et ces codes qu'elle m'a transmis. Ma sœur et moi avons toutes les deux eu des adolescences assez complexes. En quête d'identité, nous avons dû nous battre pour nous affranchir des codes et affirmer nos opinions. Évoluer dans des écoles où les autres ne vous acceptent pas, travailler pour des entreprises où on se retrouve stigmatisée comme « beurette » ou « rabzouz », ce n'était pas simple.

J'ai profondément souffert à l'école, et je pense que mon tempérament fort qui traduit un joli « ne me faites pas chier » s'est forgé après cette période très anxiogène et humiliante pour moi. Dans mon collège de banlieue, je n'étais pas acceptée, car j'étais considérée comme « la blanche bourgeoise ».

« Très jeune, j'ai été victime de harcèlement scolaire. »

Insultes, menaces physiques, violences verbales, rien ne m'était épargné : on me traitait de « pute » et je me faisais cracher dessus. Ma mère, qui a toujours donné beaucoup d'importance à ces faits et a toujours veillé à ce que nous restions sereines, a rapidement fait une demande de changement d'école. J'ai quitté mon collège ZEP[1] de banlieue pour un établissement très élitiste dans le 8e arrondissement de Paris. Mon intégration a été un nouveau combat.

From Aulnay to Paris

Mon parcours scolaire a été une *cata.* Mes carnets de notes étaient médiocres, mes relations avec le corps enseignant souvent houleuses. Je ne comprenais pas ce qu'on attendait d'une jeune étudiante. J'ai rapidement été jugée sur mon physique de jeune fille « typée » et taxée de « rebeu de banlieue ».

Je n'aimais pas l'école, car je ne m'y sentais pas à ma place. Les enseignants étaient durs, exigeants, parfois injustes. Moi, je répondais en retour, j'avais cette petite

1. Zone d'éducation prioritaire.

touche de rébellion qui finalement rendait certains débats avec quelques professeurs passionnants. La plupart d'entre eux ne voyaient en moi qu'une jeune fille superficielle, pas très intelligente, montrant peu d'intérêt pour les matières scolaires. Ce n'était pas totalement faux, ni totalement vrai. En réalité, j'aimais bien l'école socialement, car je faisais partie des personnes « populaires » aux personnalités fortes, qui s'émancipaient déjà de certains codes.

J'étais passionnée de photographie et de cinéma. À 8 ans, j'avais décidé de devenir photographe. Je passais mes samedis à suivre des cours de piano (dont je jouais depuis mes 4 ans), à déchiffrer des partitions de jazz ou à regarder les films de Pedro Almodóvar et de François Truffaut aux côtés de ma mère, qui dirigeait un très grand cinéma d'art et d'essai parisien. Très jeune déjà, j'ai développé un attrait fort pour la créativité : je peignais, collais, photographiais, écrivais, retouchais des visuels sur les premières versions Adobe Photoshop, mais je dois avouer que je n'ai jamais su dessiner. Alors je peignais, je m'inspirais de Basquiat, Bacon, Rothko, Pollock, de Kooning ou encore Twombly.

Je baignais dans les tendances de l'époque : les clips des années 1990, les looks 90's, le hip-hop… J'achetais beaucoup de magazines, j'étais fascinée par l'attitude des mannequins et par la composition éditoriale. La culture underground, l'histoire du design, l'expressionnisme américain et autres mouvements artistiques, les expositions dans les quartiers populaires de l'époque à la Goutte d'Or, m'éveillaient bien plus que mes cours de sciences et vie de la Terre ou de mathématiques.

J'ai tout de même obtenu mon baccalauréat littéraire, avec des mentions dans les spécialités arts plastiques et espagnol, qui ont sauvé mes dernières années de lycéenne.

J'ai eu la chance de continuer ma scolarité en classe préparatoire d'arts afin de préparer le concours des grandes écoles française d'arts et de graphisme. Je me suis formée au graphisme et à l'audiovisuel pour devenir directrice artistique dans la publicité. C'était branché, les budgets et challenges étaient interéssants. J'ai donc jonglé entre quelques jobs d'agence et des shooting photo en freelance.

Mes combats

Il faut vraiment comprendre que tous les combats féministes menés de front aujourd'hui n'étaient pas les mêmes dans les années 2000. Les femmes s'exprimaient moins, la mixité n'était pas aussi présente dans les villes. Aujourd'hui, la fille urbaine, métissée, en sneakers et crop top, qui porte des créoles et des doudounes oversize, c'est branché. Hier, les *cool girls* n'étaient ni métissées ni banlieusardes, elles étaient parisiennes, châtaines ou blondes, très fines, assez longues, avec des franges et des vestes en cuir.

Il fallait du courage à l'époque pour assumer ses boucles ou encore ses tresses sans passer pour quelqu'un de vulgaire. Je peux vous dire que pour une rebeu aux cheveux bouclés qui vient d'Aulnay-sous-Bois, au franc-parler plus que correct, c'était très compliqué. Il y avait beaucoup de tabous et de stigmatisation. Il fallait se taire pour ne pas être remarqué, ni avoir d'ennuis. Moi, j'avais décidé de me battre contre toute cette injustice sociale. Ce furent les pires années de ma vie. Le combat d'une jeune Arabe, de confession musulmane, ne sera jamais celui d'une personne « blanche » ou « française ». Se battre pour exister, se battre pour s'affranchir des discriminations, se battre pour faire évoluer les mentalités et réduire les préjugés, se battre pour être une artiste qui se fera entendre ou une professeure de Pilates dans un milieu privilégié…

Le pouvoir que les gens ont sur vous, c'est celui que vous leur donnez. Rien n'est définitif dans la vie, si vous y croyez très fort, vous obtiendrez tout ce que vous voudrez. Si personne n'y croit, continuez d'y croire. Le pouvoir ne se donne pas, il se prend, alors récupérez ce qui vous appartient et battez-vous pour le faire exister. Je sais que l'on ressasse souvent ces mêmes mantras devenus insupportables, mais croyez-moi, je ne suis pas née avec une cuillère en argent dans la bouche. Mon conte de fées n'a rien de magique. Sachez que vous aussi, vous êtes tout à fait légitime pour réaliser vos projets. Croyez en votre pouvoir sacré, en votre intuition, sentez-vous légitime d'être à cette place, la vôtre. Plus on pense grand, plus on attire le grand, plus on le devient.

Hypersensibilité

Il y a certains sujets que je n'avais jamais encore abordés sur les réseaux. Je n'évoque que très peu mon intimité, je n'aborde pas les sujets familiaux, et je ne me livre que depuis peu sur mes complexes, comme mes troubles alimentaires ou mes problèmes de poids. Je partage ma vision artistique auprès des femmes qui me suivent et qui me perçoivent comme une personne vivante, forte, spontanée, qui ne se laisse pas faire et qui a souvent l'humour facile ; c'est vrai que je n'aime pas me prendre au sérieux. J'ai beaucoup d'autodérision, j'adore m'amuser, inverser les situations. Je parle souvent en face caméra aux femmes de ma communauté, j'aime me confier et je me livre énormément à elles. Elles sont devenues toutes des copines au quotidien et me soutiennent énormément. Je communique régulièrement sur mes *moods* du jour, sur des anecdotes drôles ou sur ce qui me révolte, je donne beaucoup mon opinion. Souvent, cela ouvre le débat et j'adore ça.

En réalité, les autres ne le perçoivent pas, mais je suis très anxieuse voire hyper-anxieuse. Je ressens les choses de manière amplifiée : tout est toujours « très » ou « trop ». Ayant fréquenté de nombreux cabinets de thérapeutes, je posais toujours cette même question : « Est-ce que je suis folle, bipolaire, border line ? », « Pourquoi ça ne va jamais avec moi ? » Un jour, une psy m'a répondu que je n'étais ni folle ni malade, elle m'a expliqué que je faisais partie d'un groupe de personnes un peu à part que l'on appelle les hypersensibles. J'ai donc compris que ces tourbillons d'émotions que je vivais n'avaient rien à voir avec de la folie, mais qu'ils faisaient partie de moi, de ma personnalité, et qu'il fallait bien que je vive.

De soi à soi

Comme beaucoup de femmes, j'ai passé une bonne partie de ma vie (je n'ai que 28 ans) à m'observer, à observer les femmes, en les comparant, mais surtout en me comparant à elles. J'ai fait des diètes drastiques, du sport à outrance, j'ai développé certains troubles alimentaires tels que la boulimie (sans jamais me faire vomir, par contre) ou encore la dysmorphophobie[2] : je ne me voyais pas telle que j'étais, ou

2. Pensée obsédante sur un défaut imaginaire ou une légère imperfection de l'apparence physique, provoquant une préoccupation et une souffrance envahissantes qui engendrent des croyances et des attitudes néfastes affectant les pensées, les émotions et les comportements.

encore j'avais peur de prendre du poids. La raison ? Je n'en sais rien, et lorsque je me pose la question aujourd'hui, je ne sais toujours pas.

Nombre d'entre nous – je m'inclus dedans – portent un regard sévère et déformé sur leur physique. Avant de créer le BellySculpting, j'étais photographe dans le milieu de la mode et directrice artistique dans la publicité. J'ai passé beaucoup d'heures à rassurer des mannequins, des comédiennes (même les plus reconnues), des influenceuses et d'autres personnalités tendances, sur leurs complexes physiques. J'ai très vite constaté que même les femmes les plus admirées ont elles aussi des complexes, et portent un regard totalement déformé sur la réalité. Silhouettes fines, longues jambes, sans cellulite, bras fins, tailles fines... ces standards de beauté physiques inatteignables nous atteignent finalement toutes.

Dans ce livre, j'aborde aussi beaucoup la question du rapport à soi, à notre image et à nos complexes. Les femmes de ma communauté savent que je parle très ouvertement de mes propres complexes, et notamment de mon lipœdème au niveau des jambes ou encore de mes coups de mou. Je partage tout, aussi bien mes moments de bonheur intense que de tristesse extrême. Le stress et l'angoisse sont des facteurs d'inflammation pour notre organisme, il est indispensable d'extérioriser les choses, de verbaliser les maux afin d'éviter tout risque d'inflammation (eau, œdème, graisse fibreuse, ou encore adipeuse, mais aussi diabète et cholestérol) ainsi que tout risque de dérèglement hormonal, physiologique et psychologique.

Créer cette méthode était pour moi aussi une manière de camoufler mon complexe et de cacher mes jambes, comme un trompe-l'œil. Je souhaitais que personne ne remarque cette anomalie physique qui me complexait tant, en focalisant tout sur le ventre. Et finalement je faisais erreur. Plus je cherchais à camoufler mes jambes, plus je m'enfermais dans une obsession presque maladive. Pendant des années, je me suis demandé de quelle manière mon drame d'enfance allait se répercuter sur mon corps et ma santé mentale. J'ai compris bien plus tard que tout était lié : traumatisme sexuel, maladie des jambes, problèmes de ventre (zone maternelle et émotionnelle). Je prends conscience seulement depuis quelque temps que, par souci de défense, mon cerveau et mon corps ont créé des mécanismes de protection puissants : colère, difficultés à respirer correctement, difficultés à m'exprimer correctement, blocages verbaux, capacité à minimiser le plus grave et à dramatiser le moins important.

Aujourd'hui, je me suis enfin trouvée et réconciliée avec mon âme et mon corps en aidant des milliers de femmes à combattre leurs complexes, en leur redonnant confiance et en leur faisant prendre conscience de leur puissant potentiel. Tout ce que je n'ai jamais su appliquer pendant des années.

« Cette méthode est devenue ma propre thérapie de vie. »

Je ne souhaite absolument pas vous mentir en vous disant qu'à l'heure actuelle, j'en ai terminé avec tout ça, ou encore vous faire l'éloge de l'accomplissement d'une *p'tite meuf* de banlieue qui s'en sort dans la vie (bien que j'espère que mon histoire en aidera plus d'une à y croire et à continuer de se battre). Je ne souhaite pas non plus vous faire croire que j'ai créé la méthode magique qui gommera tous vos défauts.

Je ne fais pas non plus partie de ces femmes que l'on retrouve sur les réseaux, à la plastique de rêve et à la vie apparemment parfaite : je ne suis pas spécialement grande, mes jambes sont petites et imparfaites, je suis anxieuse, de nature à me poser beaucoup de questions, mais aussi à me confronter à mes démons intérieurs. Je suis très dure avec moi-même, faisant preuve d'une exigence parfois cruelle, c'est mon côté perfectionniste de femme hypersensible.

La méthode parfaite n'existe pas : c'est vrai. Je ne veux pas faire la rabat-joie, mais si on vous promet l'inverse, c'est que l'on vous ment. En revanche, nous avons toutes le pouvoir de nous prendre en main, de nous sentir mieux dans notre corps et de retrouver les pleins pouvoirs de notre puissance féminine, à tous les âges.

PARTIE 2

Aux sources du BellySculpting

Le ventre, une zone centrale

LE COMPLEXE N° 1 DES FRANÇAISES !

Selon une étude récente menée dans plusieurs pays européens[3], le ventre est la première source de complexes chez les femmes : plus de la moitié des Françaises, des Italiennes et des Allemandes interrogées l'avouent !

Aujourd'hui, la demande d'intervention en chirurgie esthétique sur la zone du ventre est de plus en plus courante. Selon les derniers chiffres de l'IMCAS[4], la liposuccion (notamment du ventre) et l'abdominoplastie (voir p. 56) font partie des interventions esthétiques les plus pratiquées : elles arrivent respectivement aux troisième et quatrième rangs, derrière l'augmentation mammaire (la chirurgie des paupières étant au deuxième rang).

En ce qui concerne le ventre, cette demande est « liée à la fois aux réseaux sociaux et à un phénomène sociétal », explique le Dr Alexis Delobaux, chirurgien esthétique et plastique. « L'impact des réseaux sociaux dans notre domaine est aujourd'hui massif et prépondérant. Ils ont clairement participé à l'augmentation de la demande et à la spécificité de certaines demandes. Ce sujet est désormais discuté à chaque congrès professionnel. » Le phénomène sociétal, lui, s'illustre par une évolution de l'idéal de beauté. « Dans les années 2000, poursuit le Dr Delobaux, on a assisté à l'émergence des super-modèles qui affichent des courbes généreuses au niveau de la poitrine et des fesses, mais une taille très fine et un ventre très plat, tonique voire légèrement musclé, ce qui est très nouveau. Dans le même temps, les gens se sont orientés vers une alimentation plus saine, davantage de sport. Tout cela a généré d'autres attentes auxquelles répond l'explosion du fitness, du CrossFit et des méthodes telles que le BellySculpting. »

Cette demande de ventre plat est particulièrement importante après la grossesse. « Au moins 60 à 70 % des demandes émanent de femmes qui ont eu un ou plusieurs enfants, souligne le Dr Delobaux. Et qui souhaitent non pas revenir au ventre qu'elles avaient avant, ce qui n'est pas possible, car il y a aussi des

3. Étude OpinionWay pour LALALAB menée entre le 29 janvier et le 9 février 2021 auprès d'échantillons représentatifs de femmes âgées de 18 ans et plus en France (sur 1 004 personnes), en Italie (1 001) et en Allemagne (1 014).
4. International Master Course on Aging Science, 2019.

changements structurels au niveau de la paroi abdominale, mais qui aimeraient se débarrasser de certains complexes, retrouver une silhouette plus fine et plus tonique, pouvoir remettre leurs vêtements d'avant-grossesse, se sentir mieux, refléter une image plus jeune. Plusieurs choses interviennent dans cette demande : l'image de soi, la confiance en soi, le rapport à l'autre dans les relations intimes, le regard des autres, notamment sur la plage. »

NOTRE PREMIER CERVEAU

Au-delà du seul aspect esthétique, le ventre est une zone très symbolique, garante à la fois de notre santé physique et de notre bien-être émotionnel et psychologique. En prendre soin est donc essentiel à plus d'un titre !

Notre ventre est l'une des zones les plus complexes de notre corps. Il régit la digestion, les hormones, le stress, la maternité… Il héberge des centaines de milliards de bactéries qui jouent un rôle central dans notre santé, et c'est aussi le lieu de production de plus de 70 % de nos cellules immunitaires. Dans de nombreuses médecines traditionnelles, le ventre est considéré comme l'épicentre de l'être. En Chine et en Inde, c'est le siège de l'âme. Au Japon, le *hara* est le berceau de l'énergie vitale. C'est la raison pour laquelle les samouraïs qui se suicident se font *hara-kiri* en se plantant un sabre ou un poignard dans le ventre.

200 millions de neurones

Notre ventre contient également pas moins de 200 millions de neurones : c'est l'équivalent du cerveau d'un petit chien ! Ce n'est pas pour rien qu'on le surnomme souvent notre « deuxième cerveau », voire notre « premier cerveau ». On parle aussi de cerveau entérique. Les recherches en embryologie ont montré que les cellules nerveuses du cerveau et celles de l'intestin proviennent du même feuillet embryologique. En d'autres termes, à un moment précis du développement de l'embryon, les cellules nerveuses quittent le cerveau « de la tête » pour migrer dans le ventre, venant ainsi former le système nerveux entérique. La communication entre ces deux cerveaux perdure grâce au nerf vague. De nombreuses expressions, largement présentes dans le langage commun, prouvent ce lien étroit entre le ventre et le cerveau : avoir la peur au ventre, mal digérer quelque chose, rester sur l'estomac, avoir des nœuds dans le ventre, se mettre la rate au court-bouillon…

Qui dit neurones dit neurotransmetteurs : ce sont les substances qui permettent aux cellules nerveuses de communiquer entre elles. Ces échanges permanents sont indispensables à la motricité, l'apprentissage, la régulation du sommeil, l'équilibre émotionnel, la gestion du stress… Parmi les nombreux neurotransmetteurs existants – il y en a environ 70 – quatre sont particulièrement importants : la sérotonine (qui est produite en très grande majorité au niveau des intestins), la dopamine, l'acétylcholine et le GABA. Chaque individu naît avec un neurotransmetteur dominant : ce « profil » régit en partie sa personnalité, son comportement, ses préférences alimentaires, ses besoins en termes d'activité physique… De nombreux facteurs vont venir influencer la production de ces neurotransmetteurs (le stress, l'environnement, l'alimentation…) et peuvent potentiellement entraîner des carences qu'il faudra rééquilibrer grâce à des changements de vie.

LE SAVIEZ-VOUS ?

Il existe aujourd'hui des tests pour déterminer quel est votre profil de neurotransmetteurs et si vous êtes en carence de tel ou tel neurotransmetteur. Ils peuvent être réalisés facilement en ligne (voir aussi p. 214).

Le bien-être du ventre, la clé du bonheur !

Parmi les neurotransmetteurs particulièrement importants, la sérotonine joue un rôle clé. On la surnomme souvent l'hormone du bonheur. Elle régit l'humeur et la régulation des émotions mais aussi de nombreux autres points clés : la température corporelle, l'appétit, le sommeil, la mémoire… Or ce neurotransmetteur est produit en très grande majorité dans notre ventre. Prendre soin de son ventre a donc un impact réel sur son bonheur ! CQFD.

Le BellySculpting, une discipline fusion et holistique

Le BellySculpting est certes une discipline que j'ai créée, mais je tiens à dire que je n'ai rien inventé. J'ai eu l'idée de fusionner deux méthodes existantes pour créer une discipline complémentaire. Celle-ci allie le Stomach vacuum, inspiré d'une technique de respiration yogique ancestrale, et le Pilates, une méthode de renforcement musculaire et postural. Son objectif est d'obtenir un ventre plus plat, mais pas seulement. De nombreux bienfaits physiologiques sont à prendre en compte.

LE STOMACH VACUUM, UNE PRATIQUE DE PURIFICATION YOGIQUE

Une technique de respiration

Le Stomach vacuum est, à l'origine, une technique de respiration utilisée dans le yoga : on l'appelle *Uddiyana Bandha* (*Uddiyana* signifiant « vers le haut », et *Bandha*, « verrou »).

En yoga, il existe quatre *bandhas*. Il s'agit de verrous à la fois physiques et énergétiques. Quand ils sont fermés, ils bloquent les énergies vitales dans une région spécifique du corps. Trois d'entre eux correspondent aux trois sphincters que l'on peut contracter :

1. Le sphincter anal, pour créer *Mula Bandha*.
2. Le sphincter d'Oddi, pour créer *Uddiyana Bandha* (le sphincter d'Oddi est une structure musculaire située à l'entrée du duodénum, la première partie de l'intestin grêle).
3. Le sphincter œsophagien supérieur, pour créer *Jalandhara Bandha*.
4. Lorsque les trois sphincters sont fermés, on crée *Maha Bandha*.

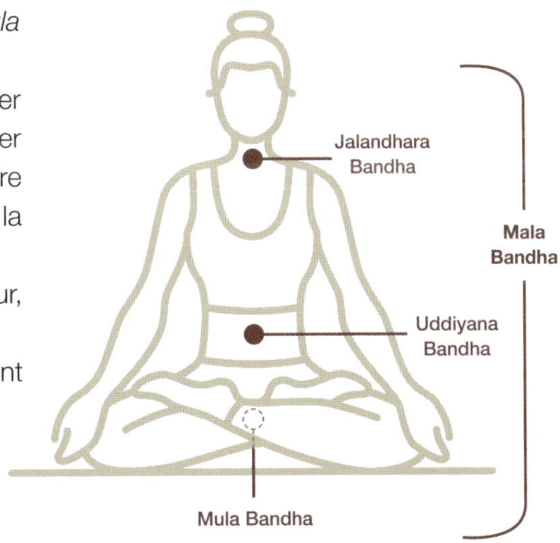

Uddiyana Bandha, que l'on traduit parfois par « contraction de l'envol », désigne aussi une pratique de respiration. Elle consiste à créer un appel d'air au niveau des poumons, une puissante aspiration du ventre, afin de faire remonter toutes les énergies. C'est une pratique essentielle dans le yoga, qui apporte force et puissance, mais stimule aussi la jeunesse et la longévité.

On parle aussi de *Nauli Kriya*, les *kriyas* étant des techniques de purification destinées à nettoyer le corps et l'esprit en se débarrassant des toxines physiques et mentales. Il en existe six, dont *Nauli* ou brassage abdominal, qui consiste à verrouiller les trois *bandhas* (en fermant la gorge, en aspirant le ventre et en contractant le périnée) et à effectuer des mouvements circulaires des muscles abdominaux. Cette pratique a pour objectif de réguler le travail des différents organes de l'abdomen, de stimuler la digestion et la détoxification, de booster la circulation sanguine et l'irrigation des organes, dont le cerveau. Pratiquée le matin à jeun, elle permet de mettre en route les énergies chaudes et actives de la journée, de sortir plus rapidement de la torpeur de la nuit et de donner de l'énergie.

Dans le yoga, cette pratique a de nombreux bienfaits. Elle :

- active *Manipura chakra*, le centre d'énergie du ventre, pour une meilleure santé et un équilibre général plus stable.
- stimule *Agni*, le feu intérieur de la transformation et de la digestion.
- fait monter *Apana*, l'énergie située dans le bas-ventre, vers la zone ombilicale.
- active le métabolisme et réchauffe.
- renforce la sangle abdominale, masse les viscères, stimule les fonctions intestinales, aide à éliminer les gaz, lutte contre la constipation, booste le fonctionnement de la rate et du pancréas, a une action bénéfique sur les surrénales.
- calme l'anxiété, lutte contre la dépression, développe la volonté, la stabilité émotionnelle, la vitalité et l'envie.

Dans les années 1970, cette technique a largement été popularisée par les culturistes et les haltérophiles (notamment Arnold Schwarzenegger), car elle permet d'obtenir un ventre très gainé et une taille extrêmement fine. On l'appelle alors Stomach vacuum, ce qui signifie littéralement « aspirateur à estomac ». Cette méthode se rapproche de celle des abdominaux hypopressifs, qui consiste à renforcer la sangle abdominale en associant étirement et exercices de respiration profonde.

Les abdominaux hypopressifs

Le Stomach vacuum est une technique hypopressive. Les abdominaux hypopressifs sont des exercices visant à tonifier la sangle abdominale (les muscles profonds, qu'on ne voit pas à l'œil nu) et à obtenir un ventre plus plat uniquement par des techniques de respiration et des postures spécifiques (Stomach vacuum, fausse inspiration thoracique…). La respiration va exercer une pression sur les organes pour les mobiliser, entraînant une vascularisation afin de drainer et d'« aplatir » le ventre. En drainant vos organes, vous contribuez à l'élimination des toxines par le biais des urines et des selles, le tout uniquement à travers la respiration et la posture.

Les exercices hypopressifs sont très différents des abdominaux que l'on retrouve dans la plupart des cours de sport collectifs ou dans les programmes fitness. Contrairement aux abdominaux classiques, les exercices hypopressifs sont bien plus efficaces (car plus profonds) pour obtenir un ventre plat, renforcer la globalité de la sangle abdominale, du plancher pelvien, et pour entretenir le dos. Les abdominaux classiques, eux, sont plus superficiels, et très souvent mauvais pour votre posture. Ils fragilisent vos lombaires, votre nuque, et ont souvent pour conséquence un ventre qui ressort (voir aussi les explications p. 49). Contrairement aux abdominaux hypopressifs, les abdominaux classiques sont mal réalisés. En effet, la plupart du temps il n'y a aucune conscientisation du travail autour du périnée et du plancher pelvien. La respiration n'est pas correctement pratiquée et on ne peut donc pas travailler en profondeur les muscles, tels que le transverse.

Alors oui, les abdominaux classiques vous permettent d'avoir de jolies « tablettes » apparentes. Mais ces tablettes ne seront pas constantes, et ne vous assureront en rien un plancher pelvien entretenu ni une sangle abdominale profondément tonique.

LE PILATES, UNE MÉTHODE DE RENFORCEMENT POSTURAL

La méthode Pilates a été créée en Allemagne au début du xxe siècle par Joseph Pilates (1883-1967). Enfant chétif, souffrant de rachitisme, d'asthme et d'une malformation de la jambe, il a découvert tous les bénéfices que pouvaient lui apporter l'activité physique et plus généralement le mouvement. En s'inspirant des animaux, des gestes du sport et de certaines pratiques comme le yoga ou les arts martiaux, il imagine sa propre méthode qu'il expérimente pendant la Première Guerre mondiale auprès de soldats blessés. Il utilise alors les ressorts des lits pour créer un véritable appareil de rééducation, prélude du Reformer, la machine emblématique du Pilates, toujours utilisée de nos jours. Il part ensuite aux États-Unis afin de développer sa méthode, qu'il appelle alors *Contrology*, auprès de danseurs professionnels. Il conçoit des appareils et des exercices destinés à rectifier les mauvaises postures et à promouvoir un développement harmonieux du corps humain. Ses cours commencent toujours par un travail sur la respiration. Après sa mort en 1967, sa méthode est popularisée dans le monde entier par ses élèves. Aujourd'hui, il existe plusieurs écoles de Pilates en France. J'ai moi-même passé ma formation à l'école BASI (Body Arts of Science International).

Le Pilates présente de nombreux points communs avec le Stomach vacuum : c'est une discipline douce, basée sur la respiration, le renforcement des muscles profonds et le travail postural. Elle vise à travailler le corps dans sa globalité et sans à-coups. Elle est accessible à toutes et se révèle très intéressante à certaines périodes de la vie, notamment en prénatal et en postnatal, en cas de blessure ou même de handicap. C'est aussi devenu une discipline très tendance : de nombreux mannequins la pratiquent avec le Reformer ou le Cadillac.

POURQUOI ALLIER LES DEUX ?

Ces deux disciplines sont très complémentaires. Le Stomach vacuum permet de muscler en douceur la sangle abdominale et le plancher pelvien mais surtout d'assurer le bon fonctionnement des organes internes. En mobilisant nos organes internes, nous stimulons mécaniquement notre tube digestif, nos intestins, notre côlon, sans oublier le circuit lymphatique, ce qui permet d'éliminer plus facilement les toxines. Le Pilates va permettre d'intégrer le renforcement musculaire, hypopressif et postural, et donc d'optimiser les bénéfices d'un ventre plus plat et plus dessiné. Les bienfaits internes sont souvent immédiats, à commencer par l'activation du transit intestinal et l'élimination des toxines. Les résultats physiques, eux, peuvent être visibles d'une séance à l'autre. On observe très souvent un ventre tout de suite moins gonflé, moins ballonné. Les douleurs sont amoindries. En moyenne, nous constatons une transformation flagrante sous 20 jours.

En pratique, les cours en présentiel de BellySculpting (environ une heure) se déroulent en deux temps : je commence par 15-20 minutes de relaxation et de conscientisation corporelle en travaillant sur la respiration. Nous passons ensuite au

Stomach vacuum, et enchaînons avec une séance de Pilates de 30 minutes. Puis je réserve 10 minutes pour une méditation sonore / relaxation, durant laquelle je fais brûler du palo santo (bois aux propriétés relaxantes et purifiantes).

Une méthode holistique et complète

Le BellySculpting est une méthode unique et très complète qui permet, grâce à une respiration très profonde et à des exercices de renforcement ciblés, de stimuler, de détoxifier, de réactiver, de faire circuler, de décongestionner, de dessiner… C'est un véritable reboot de l'organisme ! Bien plus que du sport, c'est une discipline holistique.

QUELQUES NOTIONS D'ANATOMIE

Pour bien comprendre les effets du BellySculpting, et tout ce que ma méthode vous permet de travailler, il est important de visualiser les muscles qui composent notre ventre.

Le diaphragme et le périnée

Le premier muscle important, c'est le diaphragme, qui est en quelque sorte le « toit » de notre abdomen. C'est le muscle principal de la respiration. Il s'insère sous les côtes et dispose d'appuis au niveau des lombaires.

- À l'inspiration, le diaphragme se contracte et s'abaisse. Les poumons augmentent de volume, la pression dans la cavité abdominale augmente, les muscles abdominaux sont légèrement poussés vers l'avant : le ventre se gonfle.
- À l'expiration, le diaphragme se relâche et remonte. Les muscles du ventre suivent ce mouvement de remontée : le ventre se creuse.

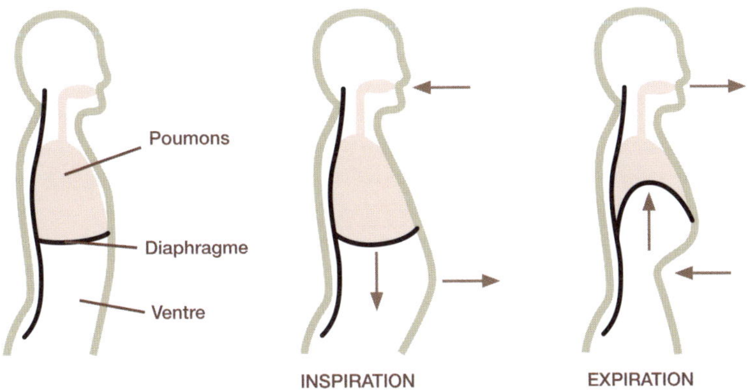

Le « plancher » est constitué par le périnée : il s'agit d'un ensemble de muscles, de ligaments et de tendons, en forme de hamac, qui vient fermer le bassin par le dessous (du pubis au coccyx). Il permet de soutenir les organes comme la vessie, l'utérus et le rectum, et d'assurer la continence urinaire et fécale. Pour cela, il se doit d'être à la fois souple et tonique.

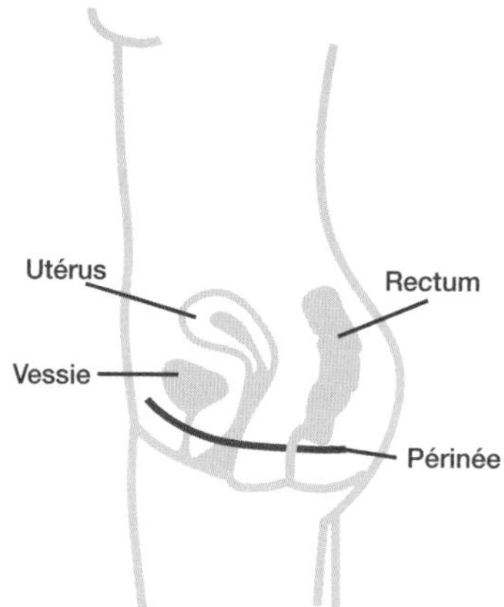

Le périnée fonctionne en symbiose avec le diaphragme : quand l'un monte, l'autre aussi ; et inversement. D'ailleurs, le périnée est aussi souvent appelé diaphragme pelvien.

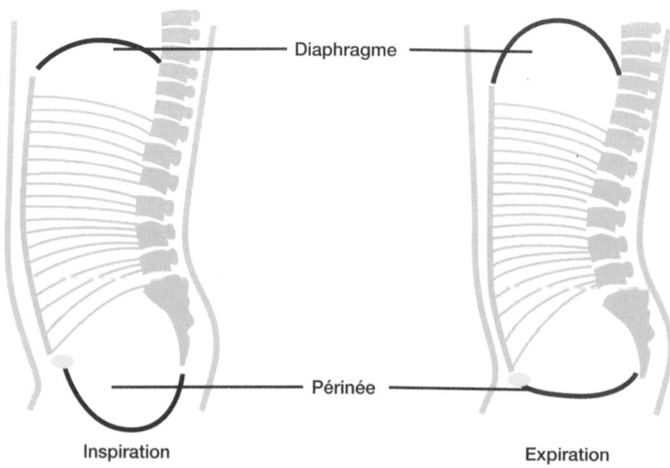

- À l'inspiration, en même temps que le diaphragme se contracte et s'abaisse, le périnée se détend et s'abaisse lui aussi. La pression est descendante.
- À l'expiration, les muscles du périnée suivent le mouvement du diaphragme et remontent. La pression est ascendante.

Entre le diaphragme et le périnée, le tube digestif subit ces pressions alternativement descendante et ascendante, créant un massage bénéfique pour la digestion, et une chasse veineuse qui permet de faire remonter le sang vers le cœur.

Voilà ce qu'il se passe lorsque l'on respire correctement. Ce mouvement permanent des pressions abdominales entre le diaphragme et le périnée permet de masser l'ensemble des organes du ventre et de bien oxygéner l'organisme. Le problème est que la plupart des personnes ne pratiquent pas cette respiration correctement. Ce n'est pas qu'elles inspirent mal, mais elles expirent mal. C'est typiquement le cas des personnes stressées, tendues, ou des femmes enceintes. Elles ont tendance à chercher toujours plus d'oxygène, à inspirer vite, mais elles ne prennent pas le temps de souffler. Or si on ne souffle pas, le diaphragme, qui était descendu à l'inspiration, ne remonte pas. Résultat : elles vont essayer de chercher de l'air autrement, en tirant au niveau du cou, des clavicules, ce qui occasionne des tensions. Souffler, c'est également très important pour extérioriser, pour lâcher prise, pour expulser les tensions. Si on ne le fait pas, cela accentue le stress. Pour être moins stressé, il faut donc réapprendre à respirer, et surtout à expirer. C'est d'ailleurs ce que l'on fait dans la cohérence cardiaque (voir p. 214), ou la méditation : les temps expiratoires sont beaucoup plus longs que les temps inspiratoires.

Dans un premier temps, il est donc essentiel de réapprendre à respirer correctement. Voici un petit exercice tout simple.

- Allongez-vous sur le dos. Pliez les genoux et posez les plantes de pied à plat sur le sol, les jambes écartées de la largeur des hanches. Votre position doit être confortable.
- Posez vos mains sur votre ventre, l'une en dessous de l'autre, puis inspirez et expirez de manière régulière. Observez comme votre paroi abdominale se soulève légèrement à chaque inspiration et s'abaisse à chaque expiration.
- Maintenant, imaginez que votre ventre contient un ballon de baudruche. À chaque inspiration, il se remplit d'air : il se gonfle en prenant de plus en plus

d'espace, dans toutes les directions. Votre ventre aussi gonfle, poussant votre périnée vers le bas.

- Ensuite, à l'expiration, visualisez l'air qui s'échappe du ballon. Votre paroi abdominale se rétracte, vos côtes se resserrent, votre périnée remonte.

La sangle abdominale

Entre le diaphragme (au-dessus) et le périnée (en dessous), un ensemble de muscles permet de maintenir la colonne vertébrale et d'empêcher la bascule du bassin : la sangle abdominale. Elle est composée de quatre groupes musculaires :

- Le grand droit.
- Les obliques internes.
- Les obliques externes.
- Le transverse. C'est le muscle abdominal le plus profond : il est situé sous le grand droit et les obliques. Il constitue une véritable sangle autour de l'abdomen.

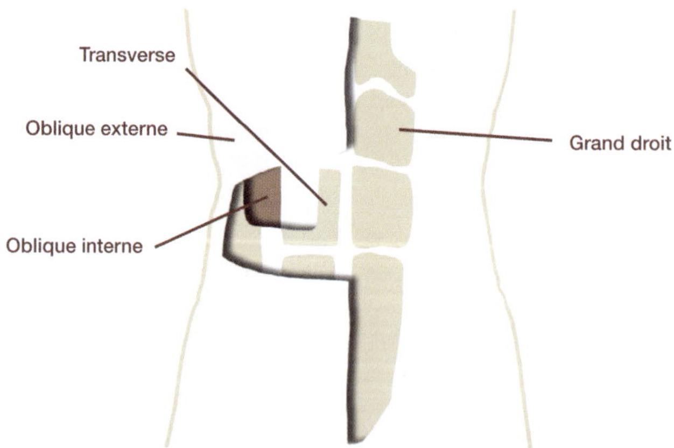

Ces muscles assurent différentes missions. Lors de la respiration, et en particulier de l'expiration, ils se contractent pour faciliter la remontée du diaphragme (d'où leur importance lors de la pratique sportive). Ils servent également à maintenir en place les organes digestifs suspendus sous le diaphragme et retenus par le péritoine, qui tend à les plaquer contre le rachis. La tonicité de ces muscles est essentielle au bon maintien des viscères, et donc au bon fonctionnement des différents organes, et surtout des intestins : en effet, en venant les masser, ils ont une action bénéfique. Cela explique aussi pourquoi, avec le vieillissement, le relâchement de la paroi abdominale est associé à l'apparition de problèmes de constipation.

La tonicité de ces muscles est également essentielle à la posture et à l'allure générale de la silhouette, en association avec le rachis. Le relâchement de la paroi abdominale peut en effet entraîner l'apparition d'une lordose lombaire (dos creusé), qui peut provoquer des douleurs. Cela explique pourquoi les techniques de rééducation du dos et de soulagement des douleurs dorsales sont en partie basées sur le renforcement des muscles abdominaux. Le but est de rééquilibrer le tonus et le maintien musculaire général entre le dos et la paroi abdominale.

Lors de la grossesse ou du post-partum, cette sangle abdominale ainsi que le périnée sont soumis à un relâchement. Ils n'assurent plus leur rôle de maintien du bassin et de la posture générale. Voilà pourquoi, après l'accouchement, un grand nombre de femmes dont le bassin est complètement basculé vers l'avant disent avoir l'impression de ne pas être « stables » ou de ne pas réussir à marcher.

Le muscle transverse, le véritable secret d'un ventre plus plat

L'objectif des abdominaux classiques, également appelés crunchs, est de muscler le grand droit. Bien dessiné, il a le fameux aspect des « tablettes de chocolat » si apprécié des culturistes. En réalité, comme je l'indiquais un peu plus haut, c'est un muscle superficiel, et non profond. Le résultat est donc uniquement esthétique !

D'un point de vue médical, ces exercices sont même néfastes pour le dos (car on vient tirer sur les lombaires), comme pour le périnée. En effet, la pression exercée sur l'abdomen est très forte, et peut occasionner un affaiblissement du plancher pelvien (avec toutes les conséquences que cela implique : fuites urinaires, incontinence, descente d'organes…), un déplacement des viscères, une compression des disques vertébraux (à l'origine des hernies discales, des lumbagos, des sciatiques…), des douleurs au niveau des cervicales… De plus, mal pratiqués, les abdos classiques peuvent aboutir à l'effet inverse, avec un ventre qui ressort (car les viscères poussent sur les muscles). À oublier donc !

La solution, c'est de muscler le muscle transverse, qui est le plus profond de l'abdomen. C'est lui qui assure le véritable rôle de sangle abdominale : il permet de plaquer le tube digestif et les intestins contre le rachis, et donc d'avoir le ventre plat. La bonne nouvelle est que, même s'il s'agit d'un muscle profond, il peut être travaillé et tonifié facilement. La preuve : il suffit tout simplement de « rentrer le ventre » (tout en serrant le périnée). En faisant cela, vous contractez votre muscle transverse. Lorsque l'on réalise des abdos classiques, on devrait toujours contracter le muscle transverse (et donc rentrer le ventre) avant de contracter les muscles abdominaux superficiels. C'est la condition pour préserver son dos et son périnée.

Et le Stomach vacuum dans tout ça ?

Le Stomach permet de faire travailler et de tonifier l'ensemble de ces muscles de manière simple grâce à la respiration.

Le principe est le suivant :

- À l'inspiration, alors que normalement le diaphragme descend (voir les explications p. 45), le Stomach vacuum demande de réaliser une aspiration du ventre. On vient donc contracter le muscle transverse qui va permettre de faire remonter le périnée (alors qu'il devrait normalement descendre). Tous les muscles sont donc contractés à l'inspiration, ce qui aboutit à une augmentation de la pression intra-abdominale.
- À l'expiration, on aspire encore un peu plus le ventre, ce qui permet de condenser encore un peu plus la pression, et donc d'obtenir des résultats encore plus efficaces. La vague (qui est le niveau 2 du Stomach, voir p. 71) permet d'accentuer le massage en profondeur des organes internes et notamment des intestins et du côlon. Elle stimule leur mobilité tout en permettant un gainage musculaire au niveau du périnée, du diaphragme et du transverse. Le périnée et le dos sont préservés et même renforcés.

LES BIENFAITS DU STOMACH VACUUM ET DU BELLYSCULPTING

Avoir un ventre plus plat

Avoir un ventre plus plat : c'est souvent le premier objectif que l'on vise en découvrant ma méthode. Comme je vous l'expliquais un peu plus haut, le BellySculpting est effectivement une technique efficace pour tonifier sa sangle abdominale, en travaillant en profondeur les muscles du ventre, en particulier celui qui fait vraiment un ventre plat : le muscle transverse. Les résultats sont visibles très rapidement, en quelques jours si l'on pratique de manière régulière. Les exercices de Pilates viennent compléter efficacement ces résultats en tonifiant eux aussi la sangle abdominale.

Améliorer sa posture générale et soulager son dos

Au-delà de l'effet purement esthétique, le fait de muscler sa sangle abdominale est bénéfique pour le dos. Le mal de dos est en effet une problématique courante, surtout chez les femmes. Physiologiquement, notre bassin est plus basculé vers l'avant que chez les hommes, ce qui sollicite davantage les lombaires et accentue la lordose lombaire. De plus, certaines pratiques aggravent le problème : le fait d'être assise toute la journée, de porter des talons, d'adopter des postures cambrées... Tout cela va tirer sur les articulations et les os et, si la sangle abdominale n'est pas assez tonique pour compenser ce mouvement, les douleurs apparaissent. On peut aussi avoir mal au dos quand on reste debout pendant de longues périodes : c'est le signe que toute cette zone n'est pas assez musclée, et donc qu'elle fatigue très vite. La solution, vous l'aurez compris, est de tonifier le ventre, afin d'améliorer sa fonction de soutien de toute cette zone. C'est ce que permet le BellySculpting, grâce à l'alliance du Stomach vacuum et du Pilates. Un ventre plus tonique, c'est une silhouette plus jolie mais aussi des douleurs en moins !

Renforcer son périnée

Le périnée joue un rôle essentiel dans de nombreux domaines :

- Il soutient les organes du petit bassin (vessie, utérus, rectum).
- Il joue un rôle central dans la continence, c'est-à-dire l'étanchéité des sphincters (en d'autres termes, l'ouverture et la fermeture de la vessie et du rectum).
- Il a également un rôle important dans la sexualité : un périnée tonique permet

des sensations plus intenses lors des rapports sexuels, et en particulier lors de la pénétration.

Le périnée étant un muscle (ou plutôt un ensemble de muscles), il doit, comme tous les autres muscles, être travaillé régulièrement. En effet, avec l'âge, il a tendance à s'affaiblir et à se relâcher, ce qui peut occasionner des fuites urinaires, une descente d'organes ou encore une baisse des sensations lors des relations sexuelles. N'oublions pas que notre périnée est sollicité en continu : lorsque nous nous tenons debout, éternuons, rions, urinons... Des situations ou habitudes de la vie quotidienne peuvent tout particulièrement le fragiliser : le port de charges lourdes, la pratique de certains sports à impact (comme la course à pied) mais aussi le tabagisme... Sans oublier bien sûr la grossesse, l'accouchement et la ménopause !

Vous aurez compris l'importance d'en prendre soin aussi bien pour votre santé que pour votre bien-être ! Et cela à tous les âges de la vie. Le BellySculpting est une méthode adaptée pour cette problématique, car elle permet non seulement de préserver le périnée, mais aussi de le renforcer. C'est une pratique notamment très utile pour les jeunes mamans, après un accouchement, comme l'explique Charlotte Wang.

QUELS SONT LES AVANTAGES DU BELLYSCULPTING EN POST-PARTUM ?

L'éclairage de Charlotte Wang, ostéopathe

« Le Stomach vacuum est parfaitement approprié en post-partum, mais uniquement après le retour de couches (après la phase de saignements, durant laquelle il faut éviter de trop stimuler le périnée). Cette méthode ne remplace pas la rééducation du périnée, mais elle peut venir la compléter. Elle peut aussi accompagner la reprise du sport en douceur, car elle permet de commencer à se remuscler, à se retonifier. Autre avantage : c'est une méthode qui peut être pratiquée sur le long terme. Après la rééducation périnéale, nombreuses sont les femmes qui n'osent pas se remettre à courir par exemple... Le Belly-Sculpting permet de regagner en confiance avant de s'y remettre. Pas besoin de matériel, c'est très simple à mettre en place. Autre atout, on évite aussi le regard de l'autre, car on peut pratiquer chez soi, tranquillement, comme une petite routine matinale, en se brossant les dents, sous la douche, ou après... C'est accessible à toutes ! »

Stimuler son transit

Le Stomach vacuum permet, grâce à la respiration, d'effectuer un massage profond de tous les organes digestifs, en particulier des intestins. Ce massage vient stimuler les muscles blancs lisses présents dans la paroi des viscères. Il faut en effet savoir qu'il existe deux grands types de muscles :

- Les muscles striés (ou muscles rouges). Ils unissent les os et permettent leur mobilité. Leur contraction est volontaire, contrôlée par le cerveau.
- Les muscles lisses (ou muscles blancs). Ils sont présents dans la paroi de la plupart des viscères creux, et ont pour mission d'assurer la mobilité de ces organes (intestin, vessie, utérus). Contrairement aux muscles striés, il se contractent lentement, de façon rythmée et de manière involontaire (à l'opposé par exemple des muscles du bras ou de la jambe, que l'on peut contracter quand on le veut). Pour les stimuler, il faut donc passer par une méthode : celle du massage, ce que permet le Stomach vacuum.

Les muscles lisses du tube digestif ont pour rôle de faciliter la progression de la nourriture ingérée du haut vers le bas via les contractions musculaires (on parle de péristaltisme). Ce phénomène peut être parfois ralenti, en raison de différents facteurs (vieillissement, prise de certains médicaments, grossesse, ménopause, dépression, sédentarité, stress, changement des habitudes...). Ce trouble peut devenir chronique et aboutir à une paresse du tube digestif, qui peut causer une constipation, une colopathie fonctionnelle (syndrome de l'intestin irritable). Pour l'éviter, la stimulation régulière des intestins par le Stomach vacuum est un bon réflexe à prendre. N'hésitez pas à intégrer cette pratique dans votre routine matinale : vous constaterez rapidement les effets bénéfiques sur votre transit, surtout si vous avez une tendance à la constipation.

LE SAVIEZ - VOUS ?

Les muscles lisses sont sous le contrôle du système nerveux végétatif (ou neurovégétatif), également appelé système autonome, viscéral ou involontaire. Celui-ci régule et coordonne toutes les fonctions dites « végétatives » dans le but de maintenir l'homéostasie (c'est-à-dire l'ensemble des équilibres internes du corps). Les fonctions végétatives sont les fonctions biologiques automatiques, comme la respiration, la circulation, la digestion, la thermorégulation…).

Toutes les émotions que nous ressentons ont une influence sur le système nerveux végétatif : stress, colère, gaieté, angoisse, tristesse… C'est la raison pour laquelle nous avons mal au ventre quand nous sommes en proie à des émotions envahissantes, ou que nous souffrons de troubles du transit quand nous sommes stressées ! Le système nerveux végétatif joue en effet un rôle fondamental dans notre adaptation aux émotions.

Malheureusement, il n'est pas possible d'exercer de contrôle direct sur les muscles lisses, et le système nerveux végétatif dans son ensemble, comme nous pouvons le faire sur des muscles striés. Il est cependant possible d'agir de manière indirecte en utilisant des approches émotionnelles : en écoutant de la musique, en cultivant un état d'esprit positif, en pratiquant une activité physique, en faisant de la relaxation…

Régulariser ses hormones (cycles irréguliers, règles douloureuses, endométriose…)

Le Stomach vacuum permet un massage profond des organes abdominaux, en particulier du foie, qui joue un rôle central – mais malheureusement assez méconnu – dans l'organisme. Cet organe multifonctionnel d'un poids de 2 kg environ intervient dans la digestion, notamment des graisses, la production d'énergie, l'élimination des toxines, le fonctionnement du système immunitaire mais aussi la régulation des hormones. Il est souvent engorgé en raison de certaines mauvaises habitudes de vie : une alimentation excessive et/ou trop riche, la prise de certains médicaments, la consommation d'alcool… En massant et en pressant le foie « comme une éponge », le Stomach vacuum permet de le désengorger, de le nettoyer et donc de relancer son bon fonctionnement. C'est essentiel pour améliorer tous les points cités ci-dessus, et pour régulariser ses hormones.

Comme nous l'avons expliqué précédemment, le Stomach vacuum agit aussi sur les intestins, dont le bon fonctionnement est essentiel à l'équilibre hormonal. Il permet également d'améliorer la circulation sanguine et lymphatique, et par voie de conséquence la circulation des hormones. C'est donc une excellente solution pour soulager tous les troubles liés à un déséquilibre hormonal, notamment les cycles irréguliers, l'aménorrhée (absence de règles), etc.

Le Stomach vacuum est également bénéfique en périodes de règles (et notamment en cas de règles douloureuses), car il vient faciliter le travail de l'utérus. Rappelons que les règles sont liées au fait que l'utérus se contracte pour que l'endomètre se détache, les saignements en sont une conséquence. Grâce au Stomach vacuum, on facilite ces contractions utérines, on aide le muscle à se relâcher et à évacuer plus facilement, ce qui permet de diminuer la douleur.

Enfin, c'est également une excellente méthode à pratiquer au moment de la ménopause, qui signe l'arrêt du fonctionnement des ovaires et donc induit un bouleversement hormonal. Elle permet d'entretenir la masse musculaire (qui a tendance à fondre), de prévenir le relâchement, de limiter la perte de densité osseuse et le stockage de la graisse, et de maintenir la tonicité générale. Il n'y a pas d'âge pour se mettre au BellySculpting !

QUELS SONT LES BÉNÉFICES DU BELLYSCULPTING EN CAS D'ENDOMÉTRIOSE ?

L'éclairage de Charlotte Wang, ostéopathe

« De nombreuses femmes témoignent du fait que dans le cadre du BellySculpting, le Stomach vacuum permet de soulager les douleurs liées à l'endométriose. Rappelons que cette maladie est liée au fait que les cellules de l'endomètre (qui se détachent naturellement au moment des règles) vont migrer et se fixer dans le système reproducteur et sur d'autres organes comme le côlon, la vessie… ce qui peut occasionner des douleurs terribles. En activant la circulation, en augmentant la température interne, en favorisant le relâchement des muscles, l'automassage du ventre permet effectivement de diminuer l'inflammation et la congestion, et donc les tensions et les douleurs. Comme dans toute activité sportive, on vient également stimuler les taux de sérotonine et de dopamine, qui ont un impact positif sur l'humeur et le ressenti de la douleur. Par ailleurs, le massage interne des organes abdominaux permet de désengorger le foie, ce qui est particulièrement important pour compenser les effets de la pilule progestative, qui est actuellement la seule solution médicamenteuse pour les femmes atteintes par cette pathologie. »

Après une chirurgie du ventre

Le BellySculpting peut aussi être envisagé comme une méthode complémentaire de la lipoaspiration (et dans certains cas, de l'abdominoplastie), en post-opératoire, mais aussi avant l'intervention, comme l'explique le Dr Alexis Delobaux.

3 QUESTIONS AU DR ALEXIS DELOBAUX, CHIRURGIEN ESTHÉTIQUE ET PLASTIQUE

Pourquoi pratiquer le BellySculpting avant une lipoaspiration ?

« Cette méthode a tout son intérêt en préopératoire, car elle permet de conscientiser cette zone anatomique, de se la réapproprier en toute conscience. Bien souvent, les femmes qui souhaitent pratiquer cette intervention ont essayé de se détacher de leur ventre, de ne plus y faire attention. Or il est important pour elles de se réapproprier cette zone, de l'investir physiquement, sensoriellement et émotionnellement. C'est un vrai atout avant l'intervention. Nous savons en effet que la rééducation en post-opératoire est plus facile si cette zone a été intégrée par le cerveau, si elle a déjà été travaillée par des exercices. Ainsi, des connexions neuronales sont déjà en place, des connexions ont été faites entre les muscles, la peau, les organes… »

Et après l'opération, quels sont les bénéfices de cette méthode ?

« En post-opératoire aussi, cette méthode est bénéfique à tous les niveaux. Après l'intervention, on conseille notamment de faire du drainage lymphatique afin de désengorger les canaux lymphatiques, qui sont saturés. La formation d'un œdème après l'opération est normale, mais il faut veiller à ne pas le laisser stagner trop longtemps, sinon cela risque d'occasionner des douleurs, une inflammation prolongée et des troubles de la cicatrisation. Le BellySculpting va permettre d'éviter ce problème en relançant le travail des canaux lymphatiques. Cela agit aussi sur le retour veineux. C'est très important, car l'une des complications principales lors de la lipoaspiration, et plus généralement dans le domaine de la chirurgie de la silhouette, c'est la phlébite. Le fait de créer de l'hyperpression abdominale permet de stimuler le retour veineux mais aussi de détoxifier l'organisme. Ce sont des phénomènes capitaux pour la récupération. On peut aussi parler des bénéfices sensoriels. Après une lipoaspiration, la peau est souvent cartonnée, un peu dure, épaissie. Le fait de travailler cette zone en douceur permet de l'assouplir. »

Le BellySculpting peut-il aussi être pratiqué après une abdominoplastie ?

« Chaque abdominoplastie[1] est différente. Il y a les mini-abdominoplasties, qui consistent en une lipoaspiration et un retrait des excédents de peau, sans modification de la position du nombril. Dans ce cas, il n'y a aucun problème à pratiquer le Stomach vacuum et le BellySculpting, en commençant très tranquillement, en pleine conscience, et en travaillant en infra-douloureux, c'est-à-dire sous le seuil de la douleur. Il y a ensuite des abdominoplasties un peu plus lourdes, avec notamment une modification de la position du nombril. Dans ce cas, la zone va être sensible pendant plus longtemps, et il est important de faire preuve de la plus grande douceur. Mais on peut faire des exercices très simples, toujours en travaillant en infra-douloureux. Et enfin, il faut savoir que la majorité des abdominoplasties s'accompagnent de la réparation du diastasis. Cet écartement, qui se crée au niveau du grand droit, survient souvent après la grossesse, et peut créer cet aspect de ventre ballonné que l'on voit de profil. Si vous avez subi une réparation du diastasis, tout exercice de ce type est déconseillé. Le problème est que les femmes qui ont eu une abdominoplastie ne savent pas toujours si elles ont également eu une réparation du diastasis. D'où l'importance de demander conseil à son chirurgien. »

1. L'abdominoplastie est une intervention qui consiste à retirer l'excédent de peau et de tissus graisseux au niveau du ventre, à retendre la peau. Elle peut être complétée par une lipoaspiration abdominale et/ou un resserrement des muscles abdominaux.

Un corps sain dans un esprit sain

Le ventre est une zone émotionnelle très importante. En prenant soin de votre ventre, en faisant la paix avec lui, vous allez vous sentir mieux aussi dans votre tête ! Il suffit d'essayer pour vous en convaincre…

Comme nous l'avons vu un peu plus haut, la sérotonine est un neurotransmetteur clé. Souvent surnommée hormone du bonheur, elle est avant tout, en réalité, l'hormone de l'équilibre intérieur, et donc le secret pour se sentir bien dans sa tête et dans son corps. Or, nous l'avons vu aussi, la grande majorité de ce neurotransmetteur est produite dans notre ventre.

En venant le masser en profondeur, le BellySculpting permet, en complément d'autres bons réflexes d'hygiène de vie comme l'alimentation, la respiration… de stimuler sa production de sérotonine. C'est ce que confirment Ophélie Thiéblemont Kataba et Amina Kriket, coachs en neurosciences, cofondatrices de MyFlow neurocoaching & holistic Wellness (voir aussi p. 214).

QUEL EST L'IMPACT DU BELLYSCULPTING SUR LES NEUROTRANSMETTEURS ?

L'éclairage d'Ophélie Thiéblemont Kataba et Amina Kriket, coachs en neurosciences

« Le BellySculpting est un bon moyen pour rééquilibrer naturellement ses neurotransmetteurs. L'effort (modéré) qu'il demande, ainsi que le massage du ventre, amène une véritable sensation de bien-être. Or on sait aujourd'hui que la sérotonine est produite quand on se sent bien, quand on danse, quand on fait des mouvements du ventre… Comme le ventre est très sollicité dans cette méthode, il y a un impact direct sur la production de sérotonine mais pas uniquement : c'est également bénéfique pour tous les autres neurotransmetteurs. L'activité physique stimule ainsi la libération d'endorphines, de dopamine et de noradrénaline, importantes dans la régulation de l'humeur. La sérotonine est également stimulée par une bonne respiration, par l'hydratation, par le fait d'évoluer dans un environnement agréable et, bien sûr, par l'alimentation. Quand on respire bien, on oxygène mieux son corps. »

À RETENIR

La sérotonine, l'hormone du bonheur
et de l'équilibre intérieur, est produite
en grande majorité dans les intestins.

Elle agit sur le sommeil,
l'appétit, l'humeur, l'anxiété, la dépression…

Elle peut diminuer sous l'effet du stress,
d'une mauvaise alimentation (carence en tryptophane,
qui est l'acide aminé précurseur de la sérotonine)
ou du manque de soleil.

Elle est stimulée par la lumière du soleil,
l'alimentation, l'activité physique…

Une carence en sérotonine peut entraîner différents
problèmes : troubles obsessionnels, troubles
du sommeil, prise de poids, déséquilibre du système de
récompense, changements d'humeur, agressivité, crise
de panique, perte de plaisir et de motivation, dépression, idées suicidaires…

PARTIE 3

Pratiquer le BellySculpting

Le Stomach vacuum

LES DIFFÉRENTES POSITIONS

Le Stomach vacuum peut se pratiquer dans différentes positions : allongée, assise, sur les genoux, à quatre pattes ou debout. Si l'exercice et les bénéfices sont les mêmes, l'amplitude du mouvement peut, elle, être un peu différente selon les positions.

Par quelle position commencer ? En cours, je commence souvent les initiations en position allongée, je vous le conseille également. Cette position permet de faire plus facilement une rétroversion du bassin (voir ci-dessous), surtout quand on débute. Le fait d'avoir le dos en contact avec le sol aide aussi à mieux quantifier ses efforts. J'aime aussi beaucoup la position à quatre pattes, car elle permet de bien arrondir le dos, et donc de gagner en amplitude.

Zoom sur la rétroversion du bassin

Le bassin est la fondation de notre colonne vertébrale. Son orientation est très importante, car elle influence tout ce qui compose cette zone : les muscles, les ligaments, les vertèbres, les organes… De manière assez schématique, le bassin peut être orienté dans l'une des trois positions suivantes : la position neutre, l'antéversion et la rétroversion.

Rétroversion

Neutre

Antéversion

La position neutre est la position à rechercher, car elle permet le meilleur alignement, un bon engagement des muscles et une respiration plus libre. Mais, bien souvent, nous avons, nous les femmes, le bassin en antéversion (dos creusé), ce qui peut provoquer divers problèmes de santé quand la bascule est vraiment prononcée. Pratiquer le Stomach vacuum en rétroversion est donc une bonne idée, car cela va compenser la bascule inverse du bassin. Nous savons toutes nous cambrer (antéversion) et nous le faisons régulièrement, mais la position inverse (rétroversion) est beaucoup moins courante. Cette position permet aussi de travailler plus efficacement le muscle transverse (qui est, rappelons-le, le véritable muscle du ventre plat), et donc de rendre l'exercice encore plus bénéfique. Elle contribue également à renforcer l'un des principaux muscles du périnée : le muscle releveur de l'anus, dont le rôle est primordial pour le transit et dans la lutte contre la constipation.

En position allongée

1. Allongez-vous sur le dos, les jambes pliées, les plantes de pieds posées à plat sur le sol.
2. Remontez vos côtes et rentrez le ventre. Cela vous donnera une idée de votre amplitude maximale (voir p. 73).
3. Inspirez tranquillement par le nez. Pendant que vous inspirez, « absorbez » votre nombril : imaginez qu'à chaque inspiration, il cherche à se plaquer davantage contre votre colonne vertébrale ou contre le tapis, et que vos côtes remontent au maximum.
4. Expirez tranquillement par la bouche en insistant avec la gorge comme si vous cherchiez à créer de la buée sur une vitre invisible (voir p. 65). Répétez ce cycle inspiration-expiration 5 fois, le temps de poser votre respiration, de vous détendre et de vous concentrer.
5. Après avoir fait cette série de 5 inspirations-expirations, expirez, bloquez votre respiration en absorbant le ventre au maximum, et en contractant le périnée. Maintenez la position pendant quelques secondes, puis relâchez en expirant.

1

2

3

4

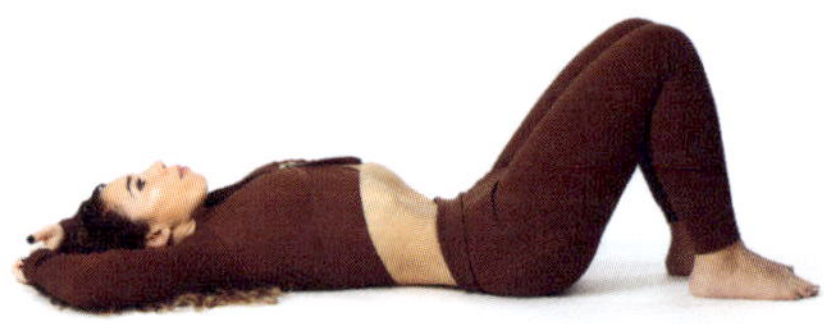

5

CONTRACTION *VS* ABSORPTION

L'erreur la plus fréquente quand on commence le Stomach vacuum est de vouloir contracter/bloquer le ventre. Or l'objectif n'est absolument pas de le contracter, mais bien de l'aspirer (d'où le nom de *vacuum*, qui signifie « aspirateur » ou « vide »). Pour y arriver, il faut penser à remonter ses côtes. Imaginez que vous êtes devant votre miroir, de profil, et que vous vous amusez à rentrer le ventre afin de paraître plus mince. C'est exactement le même principe. Et c'est d'ailleurs ainsi que j'ai appris le Stomach vacuum, en m'entraînant à rentrer et à sortir le ventre.

SOUFFLER *VS* EXPIRER

Il y a une grande différence entre le fait de souffler et celui d'expirer. Faites le test vous-même ! Imaginez d'abord que vous soufflez sur les bougies d'un gâteau d'anniversaire imaginaire. Maintenant, imaginez que vous expirez sur une vitre afin de créer de la buée. Vous avez vu la différence ? Dans le second cas, votre expiration vient de la gorge, le bruit est différent, et surtout, vous sollicitez beaucoup plus votre plancher pelvien. L'exercice de Stomach vacuum est donc beaucoup plus efficace.

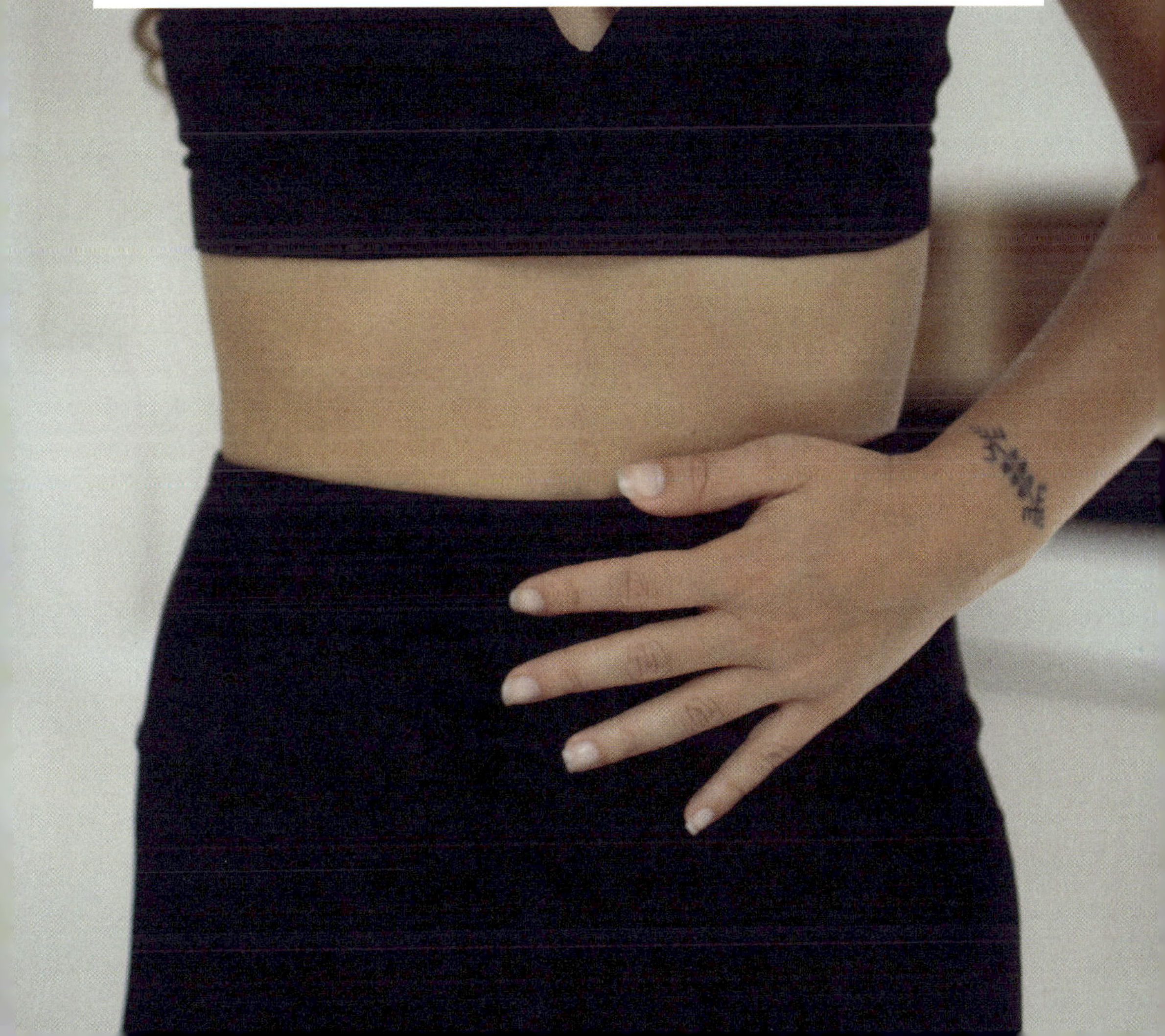

Sur les genoux

1. Installez-vous sur les genoux. Inspirez en vous autograndissant : imaginez qu'une petite ficelle est accrochée sur le haut de votre crâne, et qu'elle vous tire vers le ciel. Faites quelques respirations complètes en maintenant l'autograndissement et en gardant les épaules relâchées.
2. En inspirant, absorbez le nombril comme si vous vouliez le plaquer contre votre colonne vertébrale.
3. À l'expiration, en gardant le ventre toujours bien engagé, expirez.
4. Arrondissez le dos et enroulez légèrement le bassin vers l'avant, en gardant les mains à plat sur vos cuisses. Bloquez la respiration et aspirez le ventre. Restez quelques secondes en apnée, puis relâchez. Refaites l'exercice 5 fois.

À quatre pattes

1. Installez-vous à quatre pattes, les jambes écartées de la largeur des hanches, les mains posées à plat sur le sol, doigts vers l'avant. Inspirez et expirez tranquillement.
2. En inspirant, aspirez le nombril comme si vous vouliez le plaquer contre votre colonne vertébrale. Creusez le haut du dos et regardez vers le bas.
3. À l'expiration, le ventre toujours bien engagé, expirez en arrondissant le dos.
4. Bloquez la respiration et aspirez le ventre. Restez quelques secondes en apnée, puis relâchez. Refaites l'exercice 5 fois.

Assise en tailleur

1. Asseyez-vous en tailleur. Posez les mains sur les genoux.
2. Inspirez en vous autograndissant : imaginez qu'une petite ficelle est accrochée sur le haut de votre crâne, et qu'elle vous tire vers le ciel. Faites quelques respirations complètes en maintenant l'autograndissement et en gardant les épaules relâchées. Puis, en inspirant, absorbez le nombril comme si vous vouliez le plaquer contre votre colonne vertébrale.
3. À l'expiration, le ventre toujours bien engagé, expirez en arrondissant le dos.
4. Bloquez la respiration et aspirez le ventre. Restez quelques secondes en apnée, puis relâchez. Refaites l'exercice 5 fois.

Debout

❶ Tenez-vous debout, les jambes légèrement écartées, le dos bien droit et les épaules relâchées. Posez les mains sur les hanches. Inspirez en vous autograndissant : imaginez qu'une petite ficelle est accrochée sur le haut de votre crâne, et qu'elle vous tire vers le ciel. Faites quelques respirations complètes en maintenant l'autograndissement et en gardant les épaules relâchées.

❷ En inspirant, absorbez le nombril comme si vous vouliez le plaquer contre votre colonne vertébrale.

❸ À l'expiration, en gardant le ventre toujours bien engagé, expirez. Une fois que vous avez expiré, enroulez légèrement le bassin vers l'avant et posez les mains à plat sur vos cuisses. Bloquez la respiration et aspirez le ventre. Restez quelques secondes en apnée, puis relâchez. Refaites l'exercice 5 fois.

> ### MON CONSEIL
>
> **Si vous êtes enceinte, pratiquez le Stomach vacuum plutôt à quatre pattes ou allongée, mais pas en position debout. Ne maintenez pas l'apnée, mais relâchez immédiatement.**

LE STOMACH VACUUM NIVEAU 2

Une fois que vous avez intégré la technique du Stomach vacuum, je vous propose de passer au niveau supérieur : le Stomach massage. Cela permet d'accentuer la pression sur les organes, et donc de renforcer l'action stimulante et décongestionnante du Stomach vacuum. L'effet est immédiat : votre ventre vous paraîtra transformé !

En pratique, l'objectif est le suivant : une fois que vous avez rentré le ventre au maximum, et que vous êtes en apnée, tortillez-vous dans tous les sens afin de vous automasser le ventre de l'intérieur. Soyez curieuse de connaître l'effet, dandinez-vous, n'ayez pas peur du ridicule. Il n'y a pas de mode d'emploi précis pour réaliser cet exercice : allez vraiment à la découverte de ce qu'il se passe à l'intérieur de vous. Venez chercher vos côtes, jouez avec votre ventre… Vous allez peut-être ressentir des sensations nouvelles ou bizarres, ce n'est pas grave. Au bout d'un certain temps, cela va devenir quasi instinctif. J'appelle cela « faire la vague ». La règle est qu'il n'y a pas de règle. À vous de la créer !

Pratiquez toujours cet exercice devant un miroir (ou votre écran de téléphone). Cela vous aidera vraiment à le réaliser.

LES QUESTIONS FRÉQUENTES

Quand pratiquer le Stomach vacuum ?

Le matin à jeun (avant le petit déjeuner), c'est le meilleur moment pour pratiquer le Stomach vacuum. Cela devrait même devenir votre premier réflexe : vous pouvez, si vous le souhaitez, le pratiquer dans votre lit, avant de vous lever ! L'idéal est d'en faire votre routine matinale, comme celle de vous brosser les dents. Ainsi, vous réveillez votre corps, vos organes et vos muscles en douceur, vous les réchauffez, les stimulez et les préparez à la journée à venir. D'ailleurs, c'est au réveil que les yogis pratiquent Uddiyana Bandha !

Mais rien ne vous empêche de le faire en fin de journée. Certaines femmes le pratiquent aussi le soir, après un dîner léger et avant de se coucher. Dans ce cas, cet exercice a davantage d'effets sur la digestion (et moins sur l'aspect ventre plat), que l'on ressentira le lendemain au réveil.

Faut-il pratiquer tous les jours ?

La clé du succès, c'est la régularité ! Que vous y consacriez 10, 20 ou 30 minutes par jour, le plus important est de le faire tous les jours. Encore une fois, il s'agit d'instaurer une routine qui, comme toutes les routines, se pratique chaque jour.

J'ai du ventre, est-ce que j'y arriverai ?

Cette méthode a été imaginée pour toutes les femmes et pour tous les corps. Elle est accessible à toutes. Oubliez vos complexes, vous êtes tout aussi légitime qu'une autre pour faire du sport. Vos complexes ne doivent pas vous décourager, oubliez-les ! Nous sommes toutes uniques, et nous devons en être fières. La morphologie n'a rien à voir ; même si votre amplitude de mouvement n'est pas grande, vous allez tout de même travailler en profondeur, vous stimulerez votre transit et vous obtiendrez des résultats.

Pourquoi est-ce que je n'arrive pas à rentrer le ventre autant que les autres filles ?

Il est important de comprendre que chacune d'entre nous a une amplitude maximale. Nous avons toutes des morphologies différentes, et il est indispensable de ne pas se comparer aux autres. En ce qui me concerne, mes côtes ressortent naturellement, donc, quand je rentre le ventre, elles seront davantage visibles. C'est d'abord une question d'ossature et de morphologie, et non de surpoids ou de rondeur. Ce n'est pas parce que vous êtes ronde ou en surpoids que vous n'y arriverez pas : cela ne veut rien dire !

De nombreux autres facteurs entrent aussi en ligne de compte : l'élasticité, l'amplitude, le fait d'avoir l'estomac vide ou rempli, le souffle... Sachez que nombreuses sont les femmes au corps mince qui n'ont pas les côtes apparentes lors d'un Stomach vacuum, ou encore qui ne peuvent pas rentrer leur ventre au maximum. Alors ne vous frustrez pas, et ne vous comparez pas ! N'oubliez pas, aussi, que le ventre est avant tout une zone émotionnelle ! Si vous n'arrivez pas à pratiquer le Stomach, c'est peut-être parce que vous avez un blocage d'ordre psychologique. Interrogez-vous sur les blocages émotionnels qui peuvent vous empêcher de progresser...

Est-ce que la séance de Pilates doit se faire impérativement après le Stomach vacuum, ou puis-je la programmer en fin de journée ?

De préférence oui, immédiatement après. Le BellySculpting est une méthode fusion : allier le Stomach vacuum et le Pilates lors de la même seule séance apporte plus d'efficacité et de résultats. Cependant, je ne souhaite pas rendre cette discipline rigide ! Si votre planning ne vous permet pas de réaliser cette séance complète le matin, n'hésitez pas à optimiser votre temps :

- Pratiquez le Stomach vacuum au réveil dans votre lit ou dans votre douche par exemple : c'est 10 minutes de gagnées !
- Effectuez votre séance de Pilates le soir en rentrant tranquillement et n'hésitez pas à commencer par quelques respirations pour ressentir votre corps et vous mettre en éveil.

Est-ce que je peux boire et manger avant une séance de Stomach vacuum ?

Le Stomach vacuum se pratique idéalement à jeun, ce qui permet une meilleure détoxification de l'organisme et surtout une bien meilleure amplitude. Mais tout dépend de votre objectif, et de votre emploi du temps. Si vous souhaitez manger avant, mieux vaut prévoir un repas très léger et un exercice deux-trois heures après votre repas.

Est-ce que c'est normal si j'ai des sensations étranges pendant la séance ou après ?

Le Stomach vacuum n'est pas un exercice anodin : il vient stimuler les organes en profondeur et fait circuler plein de choses au sein de l'organisme. Cela peut donc créer des sensations étranges une heure ou deux après la séance. Je le constate régulièrement lors de mes cours.

Vous pouvez ressentir des gargouillis ou bien votre digestion va se mettre en route : c'est tout à fait normal. Vous pouvez également ressentir le soir des douleurs ovariennes : le Stomach vacuum agit sur le système hormonal pour le stimuler. Il peut arriver que vos règles se déclenchent et se régulent ensuite, un effet appréciable en cas d'aménorrhée.

Si en revanche, la douleur se manifeste pendant la séance, il est important d'écouter son corps. Réduisez l'amplitude du rentré de ventre, évitez la position allongée, évitez de manger avant, voire ne pratiquez pas le Stomach vacuum. À nouveau, l'écoute et la pleine conscience sont des notions importantes à toujours garder en tête.

J'ai mal dans le bas du dos en pratiquant le Stomach vacuum : c'est normal ?

Lors des premières séances de Stomach vacuum, vous pouvez avoir l'impression que cela tire dans le bas du dos. Ce n'est pas grave : au contraire, c'est plutôt la preuve que vos exercices sont efficaces, et viennent travailler sur la délordose (rétroversion du bassin, voir p. 62).

Les résultats sont-ils immédiats ?

Les effets ressentis au niveau du ventre sont immédiats : après la séance, vous pouvez vous sentir moins ballonnée, plus légère, plus tonique... Vous allez aussi ressentir que votre ventre est plus gainé, plus galbé. Les résultats « visibles », eux, peuvent apparaître en une semaine ou dix jours. La plupart des transformations se font au bout de trois semaines, ce qui est naturel, car le corps se renouvelle tous les 21 jours. Certaines femmes peuvent obtenir un effet avant/après déjà surprenant dès la fin de la première séance.

Et si je n'arrive pas à retenir ma respiration ?

Retenir sa respiration n'est pas facile quand on ne l'a jamais fait. La clé pour y arriver, encore une fois, c'est la régularité. C'est en vous imposant une certaine rigueur que vous allez progresser ! Alors soyez patiente, assidue et régulière dans votre pratique. Tous vos efforts paieront rapidement !

Pourquoi est-il préférable de pratiquer devant un miroir ?

La pratique devant un miroir vous aide à être pleinement consciente de votre corps et de vos mouvements. Ainsi, vous êtes plus concentrée sur vos sensations, cela vous aide à être focalisée à 100 % sur le moment présent, et donc à être plus efficace. En visualisant vos membres mais aussi vos organes, vous êtes dans la totale maîtrise de votre corps. C'est votre pause à vous et uniquement à vous. Cela fait tellement de bien !

Quelles sont les contre-indications au Stomach vacuum dans le cadre du BellySculpting ?

Le BellySculpting est une méthode accessible à toutes, que l'on peut même pratiquer pendant la grossesse (à condition de prendre certaines précautions, voir p. 77) et en post-partum (voir p. 52).

Recommandé par la plupart des médecins, le Pilates est une discipline très souvent pratiquée pendant la grossesse. Cette gymnastique posturale douce et intense permet à la future maman de maintenir sa sangle abdominale et son périnée actifs. Les exercices d'abdominaux hypopressifs, eux, sont vivement conseillés lorsque l'on est enceinte. Le BellySculpting étant une fusion d'exercice hypopressif (le Stomach vacuum) et de renforcement postural (méthode Pilates), il est donc tout à fait recommandé de le pratiquer pendant votre grossesse.

Les exercices de Pilates que j'ai sélectionnés pour vous dans cet ouvrage sont des positions accessibles à toutes. Cependant, pendant la grossesse, certaines postures peuvent être plus difficiles, c'est la raison pour laquelle je vous propose des alternatives. Encore une fois, le plus important est de rester à l'écoute de votre corps, et de ne pas forcer.

En ce qui concerne le Stomach vacuum, certaines précautions spécifiques sont nécessaires. En yoga, les contre-indications généralement soulignées pour *Uddiyana Bandha* (le Stomach vacuum) sont les suivantes :

- Ulcère
- Hernie
- Pression artérielle trop élevée
- Maladie cardiaque
- Glaucome
- Grossesse (voir les explications page suivante).

MON CONSEIL

En cas de pathologie chronique, ou au moindre doute, n'hésitez pas à demander conseil à votre médecin avant de pratiquer le BellySculpting.

PEUT-ON PRATIQUER LE BELLYSCULPTING PENDANT LA GROSSESSE ?

L'éclairage de Charlotte Wang, ostéopathe

« Pendant la grossesse, de nombreuses femmes peuvent avoir peur d'aspirer leur ventre. Mais c'est uniquement un frein psychologique. En réalité, il n'y a aucune contre-indication à le faire, de préférence à quatre pattes, en faisant le chat et en soufflant au maximum. En revanche, attention, l'apnée est interdite pendant toute la grossesse : il ne faut pas couper l'apport en oxygène, que ce soit pour soi ou pour le bébé. Par ailleurs, les augmentations de pression interne ne sont pas recommandées chez la femme enceinte : c'est pour cela que la plongée est interdite pendant la grossesse. En dehors de ces quelques précautions, il n'y a aucun risque. La respiration hypopressive (donc sans apnée) fait d'ailleurs partie de la préparation à la naissance. C'est aussi ce qu'on demande de faire aux jeunes mamans lors de la délivrance du placenta. Le plus important est de pratiquer en conscience, jamais en force et dans la précipitation. Il faut prendre le temps de s'installer, de bien respirer… »

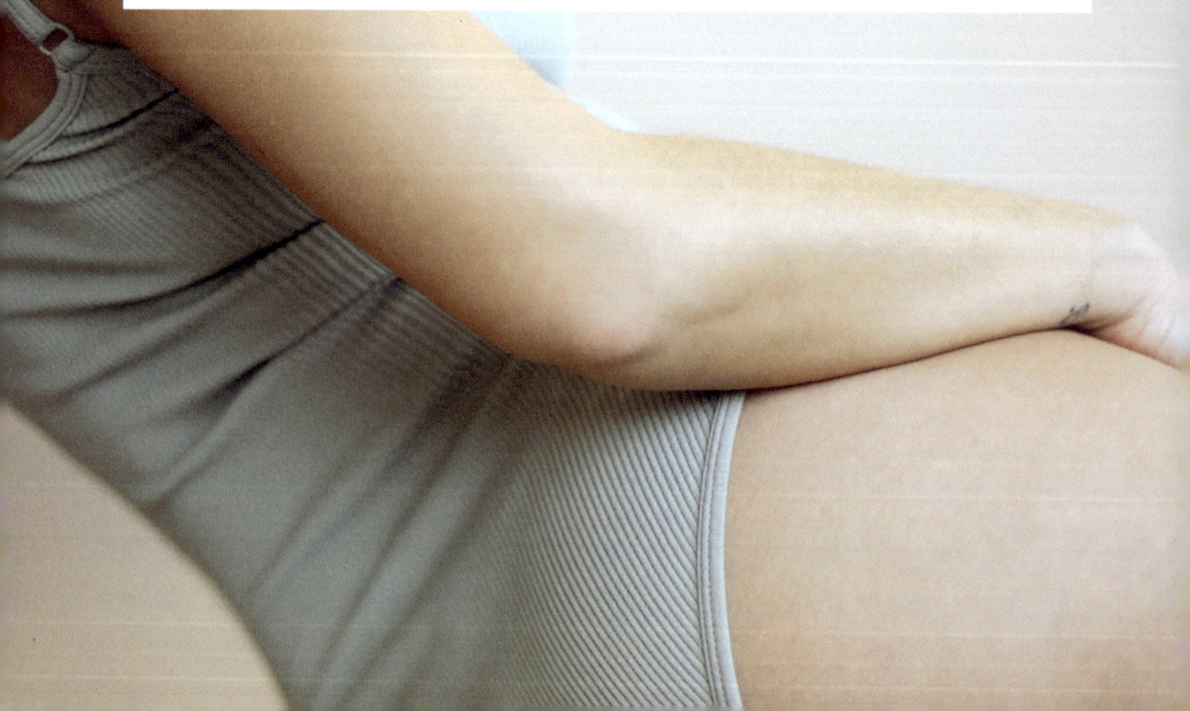

13 exercices de Pilates à intégrer à votre routine

Voici ma sélection de postures pour une routine quotidienne simple, intense, douce et accessible.

Ces exercices font partie des basiques du répertoire Pilates et sont accessibles à toutes, y compris pendant la grossesse et le post-partum. Écoutez votre corps : si vous sentez que l'exercice est trop difficile pour vous, trop intense, notamment pendant la grossesse, je vous propose une alternative.

1. PELVIC CURL

Cet exercice permet d'articuler la colonne vertébrale, de stabiliser le plancher pelvien, d'étirer vos lombaires et surtout de réveiller vos abdos en douceur.

MON CONSEIL

Le Pelvic Curl est un exercice de base important dans le Pilates. Je conseille toujours de commencer chaque cours, chaque séance de sport (quelle qu'elle soit) par cette posture de stabilisation et d'étirement. Il est essentiel de réveiller en douceur votre sangle abdominale en sollicitant le plancher pelvien.

La position de départ

Allongée sur le sol, vous gardez le bassin neutre (voir p. 62) : ne cherchez pas à plaquer le bas du dos et, à l'inverse, ne le cambrez pas. Les jambes sont parallèles et ouvertes de la largeur des hanches, les genoux pliés et les pieds posés sur le sol. Les bras sont le long du corps, épaules basses et détendues.

Le mouvement

1. Inspirez, rapprochez vos côtes basses et vos abdominaux en créant un ventre plat, ne cherchez pas à gonfler le ventre.
2. Expirez, enroulez votre bassin vers le ciel, engagez vos abdominaux, absorbez votre nombril, votre colonne vertébrale se soulève au-dessus du tapis. Rapprochez un peu vos talons vers vous pour une meilleure stabilité et un meilleur confort.
3. Montez en bridge (pont).
4. Inspirez : vous initiez le mouvement, activez les abdominaux sans bouger.
5. Expirez, déroulez vertèbre après vertèbre de manière à reposer délicatement votre colonne vertébrale sur le sol (votre sacrum se pose à la fin).
6. Vous êtes revenue en position initiale. Reproduisez le mouvement 4 fois.

5

6

TIPS

- Votre regard est dirigé vers le plafond ou au-dessus de vos genoux.
- Veillez à garder les épaules détendues, loin des oreilles, et la nuque allongée, sans tension.
- Pensez à toujours activer votre périnée sur l'expiration.

2. SPINE TWIST SUPINE

Le Spine Twist Supine est aussi un basique dans le Pilates. On l'effectue souvent en début de cours. Il consiste à effectuer une torsion de la colonne et à travailler les obliques.

La position de départ

Allongée sur le dos, vous ouvrez les bras sur le côté en position T, les paumes vers le ciel. Vos genoux sont pliés, vos pieds posés à plat.

Votre bassin reste neutre : vous ne devez ni le cambrer ni le rétroverser (voir les explications p. 62).

Le mouvement

1. Inspirez, levez un pied puis l'autre. Vos jambes toujours pliées forment un angle droit, vos genoux sont collés au-dessus de votre bassin. Expirez, contractez sans forcer votre périnée.
2. Inspirez. En gardant les jambes collées, effectuez une rotation sur le côté (sans toucher le sol). Ressentez vos obliques travailler.

3 Expirez, revenez au centre, et retrouvez votre posture initiale, pensez au périnée.
4 Inspirez, faites une rotation de l'autre côté.
5 Expirez, ramenez vos jambes au centre, en gardant votre périnée actif.
6 Vous êtes revenue en position initiale. Refaites le même exercice 4 fois.

3

4

5

TIPS

- **Si vous sentez que vous vous cambrez, ramenez vos genoux un peu plus vers vous / vers votre poitrine tout en maintenant un joli angle droit.**
- **Tout au long du mouvement, pensez à bien engager vos abdominaux et votre périnée sur chaque expiration.**

Alternative pour les femmes enceintes (si vous trouvez l'exercice trop intense)

Faites le même mouvement en gardant les jambes pliées et les pieds posés sur le sol. Basculez simplement les genoux de chaque côté en conservant le même principe de respiration. Pensez à bien engager vos abdominaux et votre périnée.

3. CHEST LIFT ADVANCED

Cet exercice permet de renforcer les muscles abdominaux et de travailler sur la stabilité du plancher pelvien.

La position de départ

Allongée sur le dos, jambes en l'air, pliées en position angle droit. Vos mains sont entrelacées derrière votre tête pour la soutenir. Votre bassin doit rester neutre : si vous sentez que vous vous cambrez, ramenez vos genoux un peu plus vers vous.

Le mouvement

1. Inspirez, écrasez tout le poids de votre tête dans vos mains en surélevant votre buste de quelques centimètres à peine. Imaginez que votre tête fait 25 kg et qu'elle s'enfonce dans vos mains qui tentent de la soutenir. Vous créez donc une résistance : vous ressentez déjà vos abdominaux travailler. Expirez, enroulez la tête et le buste pour les relever. Conservez cette résistance, votre tête est toujours très lourde. Inspirez, faites une pause, restez dans la posture.
2. Expirez, déroulez en décomposant le mouvement pour plus de travail en profondeur.

Inspirez, redescendez les jambes.
Faites le mouvement 4 à 6 fois.

> **TIPS**
>
> **Pensez à bien engager vos abdominaux et votre périnée.**

Alternative pour les femmes enceintes

Faites le même mouvement avec les pieds posés sur le sol, les jambes écartées de la largeur des hanches, en conservant le même principe de respiration (Basic Chest Lift). Pensez à bien engager vos abdominaux et votre périnée.

4. CHEST LIFT ADVANCED WITH ROTATION

Cet exercice est le même que le précédent avec une rotation supplémentaire, qui permet d'ajouter une extension des obliques.

La position de départ

Allongée sur le dos, jambes en l'air, pliées en position angle droit. Vos mains sont entrelacées derrière votre tête pour la soutenir. Votre bassin doit rester neutre : si vous sentez que vous vous cambrez, ramenez vos genoux un peu plus vers vous.

Le mouvement

1. Inspirez, écrasez tout le poids de votre tête dans vos mains en surélevant votre buste de quelques centimètres à peine. Imaginez que votre tête fait 25 kg et qu'elle s'enfonce dans vos mains qui tentent de la soutenir. Vous créez donc une résistance vous-même et ressentez déjà vos abdominaux travailler.
2. Expirez, enroulez la tête et le buste pour les relever et faites une rotation à droite. Conservez cette résistance, votre tête est toujours très lourde.

3. Inspirez, faites une pause, restez dans la posture. Inspirez et revenez au milieu.
4. Expirez, enroulez la tête et le buste pour les relever et faites une rotation à gauche. Conservez cette résistance, votre tête est toujours très lourde.

5 Revenez en position initiale, tête posée sur le sol. Faites le même exercice 6 fois.

3

4

5

TIPS

Pensez à bien engager vos abdominaux et votre périnée.

Alternative pour les femmes enceintes

Faites le même mouvement avec les pieds posés sur le sol, les jambes ouvertes de la largeur des hanches, en conservant le même principe de respiration. Pensez à bien engager vos abdominaux et votre périnée. Ne restez surtout pas en apnée, pensez à bien souffler.

5. LEG CHANGES ADVANCED

Un exercice basique très accessible et complet pour travailler vos abdominaux et vos obliques.

La position de départ

Allongée sur le dos, vous entrelacez vos mains derrière votre tête pour la soutenir. Votre bassin est neutre. Vos pieds sont posés à plat sur le sol et vous pliez les genoux.

Le mouvement

1. Inspirez, enroulez votre bassin et votre tête, décollez vos omoplates du sol, décollez la jambe droite et la jambe gauche du sol pour les ramener pliées en angle droit.
2. Expirez, la jambe gauche descend en direction du sol, la pointe de votre pied gauche touche le sol.

3. Inspirez, remontez la jambe en angle droit.
4. Expirez, la jambe droite descend en direction du sol, la pointe de votre pied droit touche le sol.

5. Faites ce mouvement 4 à 6 fois à droite, puis redéposez une jambe après l'autre, et déroulez la tête et le buste sur le tapis.
6. Reproduisez le même mouvement à gauche 4 à 6 fois.

TIPS

- **Pensez à toujours engager le périnée et les abdominaux.**
- **Durant tout l'exercice, n'oubliez pas de plaquer le nombril contre la colonne vertébrale. Pensez « ventre plat » : il ne faut pas que les abdominaux poussent vers l'avant.**
- **Pour aller plus loin, faites une rotation de buste avec les mains derrière la tête afin de travailler les obliques en alternant les jambes (Leg Changes with Rotation).**

Alternative pour les femmes enceintes

Faites le même mouvement en gardant la tête posée sur le sol, les épaules basses. Pensez à toujours engager le périnée et les abdominaux. Ne restez surtout pas en apnée, pensez à bien souffler.

6. HUNDRED PREPARATION

Cet exercice est l'un des fondamentaux du Pilates, il active la circulation sanguine, étire le haut du dos et tonifie les abdominaux ainsi que l'ensemble des muscles.

La position de départ

Allongée sur le sol, les jambes relevées en position angle droit, genoux pliés à 90°. La tête est posée sur le sol, les bras sont tendus derrière la tête, à quelques centimètres au-dessus du sol.

Le mouvement

1. Expirez, ramenez les mains devant vous, les paumes vers le bas et les bras parallèles au sol, en enroulant la tête et le buste. À l'arrivée, la nuque est droite et le regard à l'horizontale.
2. Inspirez, déroulez votre buste et votre tête pour retrouver votre position tête allongée sur le sol. Les bras sont tendus derrière vos oreilles. Refaites le même mouvement 4 à 6 fois.

TIPS

- **Pensez à toujours engager le périnée et les abdominaux.**
- **Durant tout l'exercice, n'oubliez pas de plaquer le nombril contre la colonne vertébrale. Pensez au « ventre plat » : il ne faut pas que les abdominaux poussent vers l'avant.**

Alternative pour les femmes enceintes (si vous trouvez l'exercice trop intense)

Faites le même mouvement les pieds posés sur le sol, les jambes pliées, les épaules basses. Pensez à toujours engager le périnée et les abdominaux. Ne restez surtout pas en apnée, pensez à bien respirer.

7. HUNDRED INTERMÉDIAIRE/AVANCÉ

Cet exercice est dans la continuité du précédent. On y ajoute des battements de bras, pour renforcer le travail des muscles.

La position de départ

Allongée sur le sol, les jambes relevées en position angle droit, genoux pliés à 90°. La tête est posée sur le sol, les bras sont tendus derrière la tête, à quelques centimètres du sol. Inspirez pour vous préparer.

Le mouvement

1. Expirez. Enroulez votre tête et votre buste. Ramenez les bras devant vous, parallèles au sol, comme dans la version précédente. Vos jambes sont au-dessus du sol en angle droit.
2. Inspirez, faites 5 petits battements avec vos bras.
3. Expirez, faites 5 petits battements avec vos bras.
4. Effectuez 50 battements au total, puis faites une pause.
5. Réalisez une deuxième série de 50 battements : vous atteignez ainsi les cent (*hundred*, titre de l'exercice).

TIPS

- **Pendant tout l'exercice, gardez le périnée fortement engagé.**
- **Pour aller plus loin dans la posture, vous pouvez également allonger les jambes devant vous à 60°.**

- **Attention de ne pas vous cambrer. Relevez les jambes si c'est trop intense pour le bas de votre dos. Vous pouvez aussi allonger les jambes vers le ciel en équerre.**

Alternative pour les femmes enceintes (si vous trouvez l'exercice trop intense)

Faites le même mouvement avec les pieds posés sur le sol, les jambes pliées, les bras le long du corps, épaules basses. Veillez à toujours engager le périnée au maximum, ainsi que les abdominaux. Ne restez surtout pas en apnée, pensez à bien respirer.

8. DOUBLE LEG STRETCH

Cet exercice très complet fait travailler l'ensemble des muscles de la sangle abdominale mais aussi les jambes et la coordination.

La position de départ

Allongée sur le sol, les jambes relevées en position angle droit et les genoux pliés à 90°. La tête et le buste sont relevés, les paumes posées sur les genoux, les genoux ramenés vers la poitrine.

Le mouvement

1. Inspirez, ouvrez les bras, tendez les jambes simultanément sans vous cambrer.
2. Expirez, pliez les jambes et, simultanément, faites un cercle avec vos bras pour attraper vos genoux (3 et 4). Reproduisez le mouvement 4 à 6 fois.

1

2

3

4

TIPS

- **Si vous sentez que votre dos se cambre trop lorsque vous allongez les jambes, faites en sorte de remonter les jambes.**
- **Pensez toujours à bien engager votre périnée.**

Alternative pour les femmes enceintes

1. Allongée sur le dos, la tête posée au sol, les jambes pliées à 90°, les genoux collés. Inspirez pour préparer le mouvement.
2. Expirez, tendez la jambe droite doucement.

1

2

3. Inspirez, revenez dans votre position initiale.
4. Expirez, tendez la jambe gauche doucement. Inspirez, revenez dans votre position initiale. Reproduisez le mouvement 4 à 6 fois.

TIPS

Pensez toujours à bien engager votre périnée.

9. CAT STRETCH

Cette position d'étirement est également idéale pour réveiller son corps en douceur et assouplir son dos.

La position de départ

À quatre pattes, mains posées sur le sol et bras écartés de la largeur de vos épaules. Votre bassin est neutre, ne vous cambrez pas.

Le mouvement

1. Inspirez, cherchez à étirer votre nuque et creusez le haut du dos sans trop vous cambrer.
2. Expirez, arrondissez totalement le bas du dos, absorbez le nombril, en regardant en direction de vos orteils. Pensez à toujours activer le périnée.
3. Reproduisez le mouvement 4 à 6 fois.

TIPS

Le cat stretch est une position d'étirement, qui réveille le corps en douceur, alors prenez le temps de respirer, en faisant de longues inspirations et de longues expirations.

10. LA PLANCHE

Cette posture renforce les muscles abdominaux et les fessiers, améliore la posture et l'équilibre. Tout en brûlant un max de calories !

La position de départ

À quatre pattes①, allongez la jambe droite derrière vous②, puis la jambe gauche③, sans bouger le bassin. Appuyez-vous sur les pointes de pieds et sur les coudes et stabilisez la position planche④.

Le mouvement

Maintenez la position planche en statique. Pensez à baisser les épaules et les fesses sans relâcher le bassin et les lombaires

Maintenez 30 secondes.

Pour dynamiser la posture, vous pouvez passer sur les mains ❶ et revenir sur les coudes ❷.

TIPS

- **Vos abdominaux sont très engagés, vous cherchez à avoir un ventre très plat.**
- **Détendez-vous ! Nous avons très souvent tendance à être crispées...**

11. GAINAGE À QUATRE PATTES

Cette posture est très efficace et très accessible. Il en existe plusieurs variantes, qui se retrouvent dans de nombreux exercices de Pilates et de yoga.

La position de départ

Vous êtes en position quadrupède (à quatre pattes), comme une table. Vos mains sont sous vos épaules, vos genoux sous vos hanches, votre dos est droit, votre nuque est étirée.

Le mouvement

1. En stabilisant votre bassin au maximum, allongez votre jambe droite loin derrière vous, pied pointé. Surélevez votre jambe à seulement quelques centimètres du sol.
2. Allongez votre bras opposé (le gauche) devant vous, paume de main vers l'intérieur de votre coude. Votre nuque est alignée. Vous regardez devant vous.

Stabilisez ce mouvement en gainant le ventre. Aspirez le nombril, sans oublier d'activer votre périnée sur l'expiration. Restez 30 secondes en gainage, sans oublier de respirer.

3 Changez de côté : allongez la jambe gauche loin derrière vous, à quelques centimètres du sol, pied pointé. Votre hanche est bien parallèle au sol. Votre bras droit, cette fois-ci, est allongé loin devant vous. Votre nuque est alignée, vous regardez devant vous. Restez ainsi 30 secondes. Pensez à bien gainer le ventre, aspirez le nombril, et activez le périnée. Et on n'oublie pas de respirer.

TIPS

Pour dynamiser la posture, touchez le sol avec la main et la jambe opposée.

12. CRISS CROSS

L'une de mes postures préférées pour travailler les obliques et l'équilibre, les résultats sont immédiatement visibles.

La position de départ

Allongée sur le dos, la tête et le buste relevés. Vos genoux sont pliés à 90°, et vos mains sont derrière la tête.

Le mouvement

1. Expirez, votre buste et vos coudes font une rotation à droite. Votre jambe droite reste pliée à 90° et votre jambe gauche s'allonge.
2. Croisez, changez. Une jambe se plie, l'autre s'allonge. Expirez. La jambe gauche est pliée, le buste et les coudes font une rotation vers la gauche. Votre jambe droite, elle, s'allonge.
   Croisez, changez. Pensez à bien expirer et à toujours bien activer le périnée. Puis faites une pause si besoin. Répétez 12 fois (6 fois de chaque côté).

1

2

> **TIPS**
>
> **Lors de la rotation, votre coude se dirige vers le genou plié en croisant.**

13. POSITION DE L'ENFANT

En yoga et en Pilates, c'est une position de repos et de transition. Cette posture est idéale pour calmer le cerveau et apaiser le stress.

Déposez les fesses sur les talons. Étirez vos bras devant vous ❶, ou le long du corps ❷, front posé sur le sol. Respirez.

PARTIE 4

Mon programme BellySculpting Re-boost & Détox en 7 jours

Je vous propose un programme spécifique de 7 jours axé sur le ventre et sur une détox complète de votre organisme. L'objectif ? Réveiller votre organisme, relancer le circuit lymphatique très souvent engorgé de toxines, et surtout obtenir un ventre plus plat en seulement quelques jours. Au cours de cette semaine, grâce à l'automassage, vous ressentirez comme un « reboot » au niveau de vos viscères, mais aussi de votre mental. C'est le programme Re-boost !

Accessible et très efficace, il est basé sur l'apprentissage du Stomach vacuum, sur la pratique d'exercices de renforcement postural intense de la méthode Pilates et d'abdominaux hypopressifs pour vous gainer de l'intérieur, et sur quelques inspirations d'exercices de yoga pour une détox IN&OUT complète et en pleine conscience.

LE CONSEIL INDISPENSABLE

N'hésitez pas à prendre une photo au début du programme, puis à en reprendre une à chaque fin de semaine, afin de suivre vos progrès. Cette astuce est selon moi indispensable pour constater de manière concrète vos changements.

Il vous permettra de vous créer votre propre routine sport à la maison, en 20 minutes, tous les matins et sans matériel. Destinée à toutes, recommandée dans le cadre d'un post-partum, et accessible aux femmes enceintes, cette routine de 7 jours a pour but de renforcer en profondeur votre sangle abdominale et votre périnée, mais surtout d'obtenir un ventre plus plat sans chocs ni à-coups. De quoi vous permettre de prendre enfin plaisir à faire du sport, à votre rythme, sans culpabilité, en toute efficacité. Vous ressentirez des bienfaits immédiats dès la première séance.

En espérant que ce programme vous plaise et vous change la vie.
Bonne semaine !

LUNDI / JOUR 1

Objectif : découvrir les bases pour un ventre plus plat

Au réveil, buvez un grand verre d'eau avec quelques gouttes de jus de citron bio.

UN RÉVEIL EN DOUCEUR

1. Installez votre tapis et asseyez-vous en position tailleur.
   Posez les mains sur vos genoux et commencez par prendre 3 profondes inspirations par le nez. Expirez profondément 3 fois par la bouche (ne gonflez pas le ventre en inspirant).
   Pensez à bien ouvrir la poitrine tout en gardant les épaules basses.
   À la prochaine inspiration, autograndissez-vous, ne cherchez pas à gonfler le ventre. Au contraire, inspirez, grandissez-vous en gainant votre ventre et en engageant le périnée.
2. À l'expiration, arrondissez le bas du dos : vos épaules vont vers l'avant et votre ventre se creuse davantage. Faites ce mouvement 3 à 5 fois en fonction de votre ressenti. Imaginez que vous poussez votre cage thoracique vers l'avant en rentrant votre ventre au maximum.
   Cet exercice sera très bénéfique pour réveiller votre corps en douceur !

1

2

LE CONSEIL EN +

Lors de l'expiration, je vous conseille d'ouvrir la bouche et d'expirer en insistant avec votre gorge (comme si vous cherchiez à faire de la buée sur une vitre invisible). Vous sentirez davantage l'activation de vos abdominaux.

Au réveil, nous avons souvent l'impression que notre corps est verrouillé. C'est pourquoi je vous recommande cet exercice qui viendra à la fois déverrouiller votre corps, étirer votre colonne vertébrale et échauffer votre sangle abdominale.

COMMENÇONS PAR LE STOMACH VACUUM...

1. Dans la même position (assise en tailleur), prenez une profonde inspiration, toujours sans gonfler le ventre. À l'expiration, vos poumons se vident.
2. Puis prenez une fausse inspiration (vous êtes en apnée) et aspirez votre ventre au maximum : votre périnée est activé et votre cage thoracique est projetée vers l'avant. Arrondissez le bas du dos pour creuser votre ventre davantage et obtenir une meilleure amplitude.

Maintenez quelques secondes votre apnée. Puis relâchez.
Reproduisez cet exercice hypopressif entre 5 et 7 fois.
Passez ensuite en position de repos (position de l'enfant) : les fesses sur vos talons, inclinez le torse et vos bras vers l'avant, inspirez et expirez pendant quelques secondes.

Si vous êtes enceinte, l'apnée est contre-indiquée. Je vous propose une alternative très similaire. Dans la même position, assise en tailleur, prenez une profonde inspiration (toujours sans gonfler le ventre), essayez de le gainer au maximum. À l'expiration, activez le périnée. En même temps, votre ventre rentre encore un peu plus. Reproduisez cet exercice hypopressif entre 5 et 7 fois. Ensuite, passez en position de repos (position de l'enfant) : les fesses sur vos talons, inclinez le torse et vos bras vers l'avant, inspirez et expirez quelques secondes.

Évidemment, l'idée n'est pas de creuser votre ventre comme pour le Stomach vacuum, mais cet exercice hypopressif sera idéal pour continuer à maintenir votre sangle abdominale et votre périnée en activité. Il vous sera de plus très utile pour renforcer votre transverse ainsi que votre dos !

PLACE MAINTENANT À LA MÉTHODE PILATES

1. Allongez-vous sur le sol. Votre bassin est neutre, vos jambes sont parallèles et ouvertes de la largeur des hanches, vos genoux pliés et vos pieds posés sur le sol. Vos bras sont posés le long du corps, épaules détendues. On commence par le ***Pelvic Curl***.

Le mouvement

2. Inspirez, rapprochez vos côtes basses et vos abdominaux en créant un début de contraction.
3. Expirez, enroulez votre bassin vers le ciel, engagez vos abdominaux, absorbez votre nombril : votre colonne vertébrale se soulève au-dessus du tapis. Rapprochez un peu vos talons vers vous pour une meilleure stabilité et un meilleur confort.
4. Montez en bridge (pont).
5. Inspirez : vous initiez le mouvement sans bouger.
6. Expirez, déroulez vertèbre après vertèbre de manière à reposer délicatement votre colonne vertébrale sur le sol (votre sacrum se pose à la fin).
7. Vous êtes revenue en position initiale. Reproduisez le mouvement 4 fois.

- En gardant le bassin posé sur le sol, en position neutre, ouvrez les bras sur le côté en position T, les paumes vers le ciel. Vos genoux sont pliés et vos pieds posés sur le sol. On enchaîne sur le ***Spine Twist Supine***.

Le mouvement

1. Inspirez, levez un pied puis l'autre. Vos jambes toujours pliées forment un angle droit, vos genoux sont collés. Expirez.
2. Inspirez. En gardant les jambes collées, effectuez une rotation sur le côté (sans toucher le sol). Ressentez vos obliques travailler.
3. Expirez, revenez au centre, et retrouvez votre posture initiale.
4. Inspirez, faites une rotation de l'autre côté.
5. Expirez, ramenez vos jambes au centre. Refaites le même exercice 4 fois.

Alternative pour les femmes enceintes (si vous trouvez l'exercice trop intense)

Faites le même mouvement en gardant les pieds au sol. Basculez simplement les genoux de chaque côté en conservant le même principe de respiration. Pensez à bien engager vos abdominaux et votre périnée.

- Restez en position allongée sur le dos, levez les jambes au-dessus du tapis et pliez-les en position angle droit. Vos mains sont entrelacées derrière votre tête pour la soutenir. Votre bassin doit rester neutre : si vous sentez que vous vous cambrez, ramenez vos genoux un peu plus vers vous. C'est parti pour le ***Chest Lift Advanced***.

Le mouvement

1. Inspirez, écrasez tout le poids de votre tête dans vos mains en surélevant votre buste de quelques centimètres à peine. Imaginez que votre tête fait 25 kg et qu'elle s'enfonce dans vos mains qui tentent de la soutenir. Vous créez donc une résistance : vous ressentez déjà vos abdominaux travailler. Si vous sentez que vous vous cambrez, ramenez vos genoux un peu plus vers vous.
2. Expirez, enroulez la tête et le buste pour les relever. Conservez cette résistance, votre tête est toujours très lourde.
   Inspirez, faites une pause, restez dans la posture.
   Expirez, déroulez en décomposant le mouvement pour plus de travail en profondeur.
   Inspirez, redescendez les jambes.
   Faites le mouvement 4 à 6 fois.

1

2

Alternative pour les femmes enceintes

Faites le même mouvement avec les pieds posés sur le sol, les jambes ouvertes de la largeur des hanches, en conservant le même principe de respiration (Basic Chest Lift). Pensez à bien engager vos abdominaux et votre périnée. Ne restez surtout pas en apnée, pensez à bien souffler.

- Maintenant, mettez-vous à quatre pattes sur le sol, vos bras écartés de la largeur de vos épaules, les doigts vers l'avant. Votre bassin est neutre, ne vous cambrez pas. C'est parti pour le ***Cat Stretch***.

Le mouvement

1. Inspirez, cherchez à étirer votre nuque et creusez le haut du dos sans trop vous cambrer.
2. Expirez, arrondissez totalement le bas du dos, absorbez le nombril, en regardant en direction de vos orteils.

Reproduisez le mouvement 4 à 6 fois.

1

2

- Restez en position quaxède, on termine sur un ***gainage à quatre pattes***.

Le mouvement

❶ En stabilisant votre bassin au maximum, allongez votre jambe droite loin derrière vous, pied pointé. Surélevez votre jambe à seulement quelques centimètres du sol.

❷ Allongez votre bras opposé (bras gauche) devant vous, paume de main vers l'intérieur de votre coude. Votre nuque est alignée. Vous regardez devant vous.

Stabilisez ce mouvement en gainant le ventre. Aspirez le nombril, sans oublier d'activer votre périnée sur l'expiration. Restez 30 secondes en gainage, sans oublier de respirer.

❸ Changez de côté : allongez la jambe gauche loin derrière vous, à quelques centimètres du sol, pied pointé. Votre hanche est bien parallèle au sol.

Votre bras droit, cette fois-ci, est allongé loin devant vous. Votre nuque est alignée, vous regardez devant vous.

Restez 30 secondes. Pensez à bien gainer le ventre, aspirez le nombril et activez le périnée. Et on n'oublie pas de respirer.

- Récupérez en ***position de l'enfant*** **:** déposez les fesses sur les talons. Étirez vos bras devant vous, ou le long du corps, front posé sur le sol. Respirez.

LE PETIT + DE VOTRE JOURNÉE !

- **Juste après cette séance, préparez-vous un shaker de protéines (voir la recette p. 211) ou un breakfast hyper-protéiné (voir p. 209 la recette des pancakes, que je vous conseille de préparer la veille). Cela contribuera au bon maintien de vos muscles. Une bonne habitude à conserver pour le reste de la semaine !**
- **À la fin de chaque repas, pensez aussi à boire de l'eau tiède ou une tisane pas trop chaude pour faciliter votre digestion**

MARDI / JOUR 2

Objectifs : approfondir les bases et ressentir les bienfaits

BOIRE DOIT DEVENIR VOTRE PREMIER REFLEXE MATINAL !

- Au réveil, buvez un verre d'eau tiède ou chaude (mais pas brûlante) ou de thé avec 2 cuillères à soupe de vinaigre de cidre bio.
- Si vous introduisez cet automatisme chaque jour, vous vous sentirez plus performante dès le matin, et pour la journée entière. L'eau chaude permet d'activer votre métabolisme et de brûler plus de calories, mais aussi de nettoyer les organes et donc d'éliminer toutes les toxines accumulées au cours de votre nuit. Le vinaigre de cidre de pomme bio est, lui, un allié essentiel pour le bon fonctionnement de votre organisme : il nettoie, détoxifie, purge les organes, tout en brûlant les graisses.

RÉVEIL EN DOUCEUR

- Allongez-vous sur votre tapis. Prenez 3 profondes inspirations par le nez, puis expirez profondément 3 fois par la bouche. Ne gonflez pas le ventre en inspirant. Pensez à bien ouvrir la poitrine tout en gardant les épaules basses.
- Pliez vos jambes et rapprochez-les de vous. Commencez tout simplement par faire quelques mouvements de va-et-vient avec votre bassin. Sortez les fesses comme si vous cherchiez à vous cambrer. Puis enroulez le bassin comme pour vous décambrer. Faites-le 4 fois.
- Retrouvez un bassin neutre (position naturelle de votre corps). Puis, à la prochaine inspiration, autograndissez-vous, en cherchant non pas à gonfler le ventre, mais à le gainer. Expirez et activez votre périnée. Faites-le 2 fois.

PETIT RAPPEL

- **Cambrer : antéverser le bassin**
- **Décambrer : rétroverser le bassin**

COMMENÇONS PAR LE STOMACH VACUUM

Il existe plusieurs manières de pratiquer le Stomach vacuum. Pour débuter, je trouve toujours plus simple de s'allonger, jambes pliées. Cette position est d'ailleurs excellente (de nombreuses femmes se rééduquent ainsi après un accouchement). C'est aussi selon moi la meilleure façon de comprendre le principe de cet exercice.

C'est parti !

1. Allongée, jambes pliées, pieds à plat sur le tapis. Vos bras sont pliés au-dessus de votre tête.
   Inspirez en cherchant encore à vous autograndir.
   Expirez en insistant sur votre gorge pour ressentir davantage l'expulsion de l'air. Pensez à toujours activer le périnée.
2. Bloquez votre souffle et aspirez votre ventre (principe de la fausse inspiration). Bien évidemment ce geste se fait en apnée.
   Faites-le 5 à 8 fois, en prenant bien votre temps.

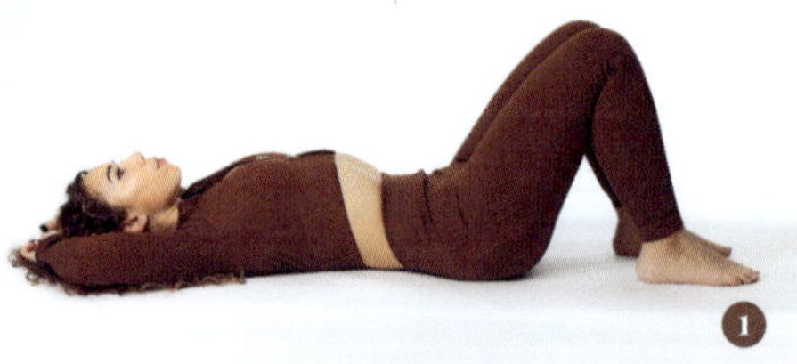

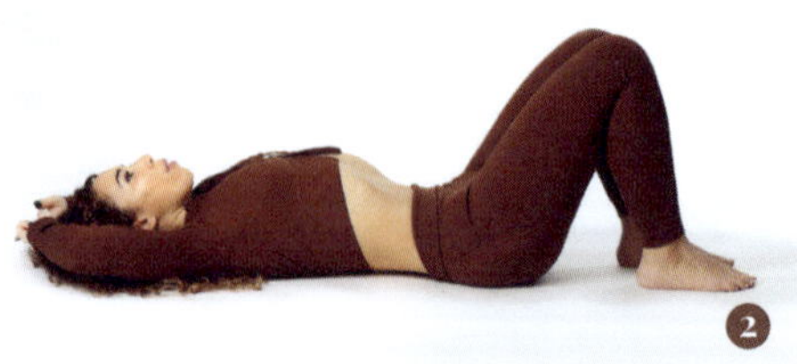

LE CONSEIL EN +

Pour obtenir une meilleure amplitude, n'hésitez pas à enrouler le bassin en direction du plafond (voir l'exercice du *Pelvic Curl*, p. 79). Vous constaterez que votre amplitude d'absorption est plus grande. Surtout pensez à bien activer votre périnée pour éviter les appels d'air.

Si vous êtes enceinte : dans la même position (allongée), prenez une profonde inspiration, toujours sans gonfler le ventre, et essayez de le gainer au maximum. À l'expiration, activez le périnée. En même temps, votre ventre se rentre. Reproduisez cet exercice hypopressif entre 4 et 6 fois.

POUR ALLER PLUS LOIN

Au moment d'expirer, l'idée sera de fractionner votre respiration en 10 micro-expirations (on n'expire pas sur une seule et même expiration). Veillez à garder un périnée hyperactif. Relâchez, soufflez. Reprenez votre souffle et recommencez.

Vous aurez peut-être la tête qui tourne un peu : allez-y doucement, écoutez-vous.

Puis passez en position de repos (position de l'enfant) : les fesses sur vos talons, inclinez le torse et vos bras vers l'avant, inspirez et expirez quelques secondes.

PASSONS À LA MÉTHODE PILATES

- Restez allongée sur le dos. Vos bras sont ouverts sur le côté en position T, les paumes vers le ciel. Vos genoux sont pliés et vos pieds posés sur le sol. On commence par le ***Spine Twist Supine*** pour chauffer les obliques ❶.

Le mouvement

❷ Inspirez, levez un pied puis l'autre. Vos jambes toujours pliées forment un angle droit, vos genoux sont collés au-dessus du bassin, qui reste neutre. Expirez.

❸ Inspirez. En gardant les jambes collées, effectuez une rotation sur le côté (sans toucher le sol). Ressentez vos obliques travailler.

❹ Expirez, revenez au centre et retrouvez votre posture initiale.

❺ Inspirez, faites une rotation de l'autre côté.

❻ Expirez, ramenez vos jambes au centre. Refaites le même exercice 4 fois.

Alternative pour les femmes enceintes (si vous trouvez l'exercice trop intense)
Faites le même mouvement en gardant les pieds au sol. Basculez simplement les genoux de chaque côté en conservant le même principe de respiration. Pensez à bien engager vos abdominaux et votre périnée.

- Toujours sur le dos, genoux pliés, vous reposez les pieds sur le sol. Cette fois vos mains sont entrelacées derrière votre tête pour la soutenir, on commence le ***Leg Changes*** ❶.

Le mouvement

❷ Inspirez, enroulez votre bassin et votre tête, décollez vos omoplates du sol, décollez la jambe droite et la jambe gauche du sol pour les ramener pliées en angle droit.

❸ Expirez : la jambe droite descend en direction du sol, votre pointe de pied touche le sol.

❹ Inspirez : remontez la jambe en angle droit.

❺ Expirez : la jambe gauche descend en direction du sol, votre pointe de pied touche le sol.

❻ Faites ce mouvement 4 à 6 fois à droite, puis redéposez une jambe après l'autre, et déroulez la tête et le buste sur le tapis. Reproduisez le même mouvement à gauche 4 à 6 fois.

Alternative pour les femmes enceintes

Faites le même mouvement en gardant la tête posée sur le sol, les bras le long du corps, les épaules basses. Pensez à toujours engager le périnée et les abdominaux. Ne restez surtout pas en apnée, pensez à bien souffler.

- Redescendez les jambes. Vous pouvez vous retourner et vous mettre en **position de l'enfant** pendant 30 secondes : déposez les fesses sur les talons. Étirez vos bras devant vous 1, ou le long du corps 2, en posant le front sur le sol. Respirez.

LE CONSEIL EN +

Ce deuxième jour, l'effort est un peu plus intense et vous allez peu récupérer. À ce stade de l'entraînement, vous devez déjà sentir vos abdominaux travailler...

- Allongez-vous à nouveau sur le dos, relevez les jambes, genoux pliés à 90°. La tête est posée sur le sol, les bras sont tendus derrière la tête, à quelques centimètres au-dessus du sol ❶. C'est parti pour la ***Hundred*** !

Le mouvement

Étape 1 (Hundred Preparation)

❷ Expirez, ramenez les mains devant vous, les paumes face au sol et les bras parallèles au sol, en enroulant la tête et le buste. À l'arrivée, la nuque est droite et le regard à l'horizontale.

Inspirez, déroulez votre buste et votre tête pour retrouver votre position tête allongée sur le sol. Les bras sont tendus derrière vos oreilles. Refaites le même mouvement 4 fois.

Étape 2 (Hundred intermédiaire)

La fois suivante, restez sur votre posture, bras tendus et parallèles au sol, paumes vers le bas.

Expirez, faites 5 petits battements avec vos bras en pensant à toujours activer le périnée.

Inspirez, faites 5 petits battements avec vos bras.

Effectuez 50 battements au total, puis faites une pause avant de réaliser une deuxième série de 50 battements.

Alternative pour les femmes enceintes (si vous trouvez l'exercice trop intense)

Faites le même mouvement les pieds posés sur le sol, les jambes pliées, les épaules basses. Pensez à toujours activer le périnée et les abdominaux. Ne restez surtout pas en apnée, pensez à bien respirer.

- C'est le moment de se détendre un peu. On va s'étirer tout en continuant à travailler. C'est parti pour le ***Cat Stretch***, l'une de mes postures préférées. Installez-vous à quatre pattes sur le sol (position quadrupède), vos bras écartés de la largeur de vos épaules, les doigts vers l'avant. Votre bassin est neutre, ne vous cambrez pas ❶.

Le mouvement

❷ Inspirez, cherchez à étirer votre nuque et creusez le haut du dos sans trop vous cambrer.

❸ Expirez, arrondissez totalement le bas du dos, absorbez le nombril, en regardant en direction de vos orteils. Pensez à toujours activer le périnée. Reproduisez le mouvement 4 à 6 fois.

● Restez en position quadrupède. Vos mains sont posées sur le sol, vos épaules sont parallèles. Passons au ***gainage à quatre pattes*** ❶.

Le mouvement

❷ En stabilisant votre bassin, allongez votre jambe droite loin derrière vous, pied pointé. Surélevez votre jambe à seulement quelques centimètres du sol.

❸ Allongez votre bras opposé devant vous, paume de main vers l'intérieur de votre coude. Votre nuque est alignée. Vous regardez devant vous.
Stabilisez ce mouvement en gainant le ventre. Aspirez le nombril, en activant votre périnée sur l'expiration. Restez 30 secondes en gainage, en respirant.

❹ Changez de côté : allongez la jambe gauche loin derrière vous, à quelques centimètres du sol, pied pointé. Votre hanche est bien parallèle au sol.
Votre bras droit, cette fois-ci, est allongé loin devant vous. Votre nuque est alignée, vous regardez devant vous.
Restez 30 secondes. Pensez à bien gainer le ventre, aspirez le nombril, et activez le périnée. Et on n'oublie pas de respirer.

Vous pouvez reproduire ce mouvement 2 à 4 fois de chaque côté pendant 30 secondes.

- Passez ensuite en ***position de l'enfant*** **:** déposez les fesses sur les talons. Étirez vos bras devant vous ❶, ou le long du corps ❷, front posé sur le sol. Respirez.

La séance est maintenant terminée, bravo !

LE PETIT + DE VOTRE JOURNÉE !

- **Pensez à boire beaucoup d'eau pour faciliter le drainage et accentuer tous vos efforts. Vous pouvez ajouter un peu de citron, sans en abuser.**
- **Je vous conseille aussi de dîner relativement tôt : 19 h 30 est selon moi la meilleure heure. Vous vous sentirez moins ballonnée, moins lourde, et vous n'aurez aucune difficulté à digérer et à dormir correctement. Nous mettons en effet du temps à digérer, et dîner tard amène à stocker ce que l'on mange sous forme de graisses, plutôt que sous forme d'énergie.**

MERCREDI / JOUR 3

Objectifs : s'automasser pour mieux éliminer, se gainer pour mieux se dessiner

Au réveil, prenez quelques minutes pour bien respirer, et vous faire du bien. Ne vous polluez pas avec votre écran de téléphone. Accordez-vous du temps pour apprécier la matinée et pour la préparer en pleine conscience. Les premières minutes sont révélatrices de la journée que vous vous apprêtez à passer, épargnez-vous le stress des réseaux sociaux !

Pensez à boire un verre d'eau, à prendre quelques secondes pour méditer ou écrire les moments clés de votre journée.

UN RÉVEIL EN DOUCEUR

- À quatre pattes sur le sol (position quadrupède), vous écartez vos bras à la largeur de vos épaules, les doigts vers l'avant. Votre bassin est neutre, ne vous cambrez pas 1. Cette position d'étirement, le ***Cat Stretch***, est également idéale pour réveiller votre corps en douceur.

Le mouvement

1

2 Inspirez, cherchez à étirer votre nuque et creusez le haut du dos sans trop vous cambrer.

3 Expirez, arrondissez totalement le bas du dos, absorbez le nombril, en regardant en direction de vos orteils. Reproduisez le mouvement 4 fois.

Ensuite, profitez de l'arrondi du dos à la fin de votre expiration pour bloquer la respiration et aspirer le nombril pour le Stomach vacuum. Il est possible que vous adoriez cette posture, car elle favorise l'amplitude du Stomach vacuum ! Inspirez, creusez le dos, allongez votre nuque, en regardant vers le ciel. Expirez, arrondissez le dos, aspirez votre ventre au maximum. Faites-le 2 fois.

Alternative pour les femmes enceintes

Dans la même position, à quatre pattes, prenez une profonde inspiration en essayant de gainer le ventre au maximum. À l'expiration, activez le périnée, en même temps que votre ventre se rentre, et arrondissez le dos.

- Reproduisez cet exercice hypopressif entre 5 et 7 fois. Puis passez en position de repos (**position de l'enfant**) : déposez les fesses sur vos talons, inclinez le torse et vos bras vers l'avant, inspirez et expirez quelques secondes.

PASSONS AU STOMACH VACUUM...

Installez-vous sur les genoux, toujours sur votre tapis. Je vous conseille de faire cet exercice devant un miroir, qui vous aidera énormément. Inspirez, grandissez-vous, pensez à faire un ventre plat.

À l'expiration, posez vos mains sur vos cuisses, arrondissez le bas du dos. (La position n'est absolument pas sexy, c'est tout à fait normal !)

Recommencez, inspirez, grandissez-vous. Imaginez que votre crâne cherche à toucher le plafond. Ne gonflez pas le ventre, au contraire, faites un ventre plat.

Expirez, courbez-vous en arrondissant le dos, les mains sur les cuisses. Votre bassin est en rétroversion (voir p. 62). Aspirez votre ventre au maximum, restez en apnée et faites des mouvements de vague avec votre ventre ❶, ❷, ❸, ❹. Cette phase 2 de l'exercice du Stomach vacuum est très intense.

Relâchez votre apnée, et soufflez tranquillement.

Recommencez 5 fois.

Grâce à ce massage, votre métabolisme devient plus actif, vos organes se mobilisent et se drainent. Il est possible de ressentir des petites douleurs dorsales en bas du dos : c'est normal, car il y a un vrai travail de renforcement des lombaires.

Si vous êtes enceinte : allongez-vous sur le dos, prenez une profonde inspiration (toujours sans gonfler le ventre) et essayez de le gainer au maximum. À l'expiration, activez le périnée, en même temps que votre ventre se rentre. Reproduisez cet exercice hypopressif entre 5 et 8 fois.

À RETENIR !

- **Cet automassage du ventre est un exercice intense de pleine conscience corporelle, qui nécessite un lâcher-prise total. Il est possible de ne pas y arriver de suite et de devoir faire preuve d'un peu de patience. Ne vous découragez pas !**
- **Faites ce mouvement devant un miroir, c'est indispensable ! N'hésitez pas à vous regarder. Soyez curieux, et n'hésitez pas à vous dandiner sur les côtés.**
- **La posture est très, très importante, elle change tout. Je vous conseille vraiment de poser les mains sur les cuisses et de courber un peu le dos. Vous ne devez surtout pas cambrer le dos, bien au contraire : faites une jolie rétroversion (basculez le bassin vers l'avant).**

CONTINUONS AVEC LA MÉTHODE PILATES

Ce matin, le cours est plus dynamique ! Au bout du troisième jour, vous devriez commencer à ressentir les premiers bienfaits et à voir votre ventre se tonifier. Même si les résultats sont encore légers, c'est déjà incroyable de noter que les premiers changements ont lieu. Alors, continuez ! Les exercices de gainage comme celui de la planche sont excellents pour votre sangle abdominale et pour votre dos.

Nous allons donc enchaîner plusieurs exercices de gainage. Utilisez le chronomètre de votre téléphone pour vous aider à maintenir les positions. C'est parti !

- Vous êtes en position quadrupède (à quatre pattes). Vos mains sont sous vos épaules, vos genoux sous vos hanches, votre dos est droit, votre nuque est étirée. On commence par le ***gainage à quatre pattes*** ❶.

Le mouvement

❷ En stabilisant votre bassin au maximum, allongez votre jambe droite loin derrière vous, pied pointé. Surélevez votre jambe à seulement quelques centimètres du sol.

❸ Allongez votre bras opposé (le gauche) devant vous, paume de main vers l'intérieur de votre coude. Votre nuque est alignée. Vous regardez devant vous.

Stabilisez ce mouvement en gainant le ventre. Aspirez le nombril, sans oublier d'activer votre périnée sur l'expiration. Restez 30 secondes en gainage, sans oublier de respirer.

❹ Changez de côté : allongez la jambe gauche loin derrière vous, à quelques centimètres du sol, pied pointé. Votre hanche est bien parallèle au sol.

Votre bras droit, cette fois-ci, est allongé loin devant vous. Votre nuque est alignée, vous regardez devant vous

Restez 30 secondes. Pensez à bien gainer le ventre, aspirez le nombril, et activez le périnée. Et on n'oublie pas de respirer.

- Maintenant, reposez-vous et étirez-vous en ***position de l'enfant*** : déposez les fesses sur les talons. Étirez vos bras devant vous ❶, ou le long du corps ❷, front posé sur le sol. Respirez.

● Nous allons maintenant refaire ***le gainage à quatre pattes*** en dynamisant la posture.

Le mouvement

1. En stabilisant votre bassin, allongez votre jambe droite loin derrière vous, pied pointé. Surélevez votre jambe à seulement quelques centimètres du sol.
   Allongez votre bras opposé devant vous, paume de main vers l'intérieur de votre coude. Votre nuque est alignée. Vous regardez devant vous.
   Stabilisez ce mouvement en gainant le ventre. Aspirez le nombril, sans oublier d'activer votre périnée sur l'expiration.
2. Touchez le sol avec votre main et votre jambe opposée, puis remontez et restez en position 30 secondes.
   Changez de côté : allongez la jambe gauche loin derrière vous, à quelques centimètres du sol, pied pointé. Votre hanche est bien parallèle au sol.
   Votre bras droit, cette fois-ci, est allongé loin devant vous. Votre nuque est alignée, vous regardez devant vous.
   Touchez le sol avec votre main et votre jambe opposée, puis remontez et restez en position 30 secondes. Pensez à bien gainer le ventre, aspirez le nombril, et activez le périnée. Et on n'oublie pas de respirer.

● Reposez-vous et étirez-vous en ***position de l'enfant*** : déposez les fesses sur les talons. Étirez vos bras devant vous, ou le long du corps, front posé sur le sol. Respirez.

- On continue avec la ***planche en statique***. Appuyez-vous sur les pointes des pieds et sur les coudes, et stabilisez la position en pensant à baisser les épaules et les fesses sans relâcher le bassin et les lombaires. Maintenez 30 secondes. Inspirez et expirez profondément.

- Reposez-vous et étirez-vous en ***position de l'enfant***, puis refaites ***la planche en statique*** pendant 30 secondes.
- Reposez-vous et étirez-vous en ***position de l'enfant***, puis refaites ***la planche***, cette fois en dynamisant la posture.

Le mouvement

1. En stabilisant bien tout le tronc et le bassin, expirez, relevez doucement le bassin en angle droit.
2. Expirez en revenant en position initiale.

- Reposez-vous et étirez-vous en ***position de l'enfant***, puis refaites la ***planche en dynamique***, comme ci-dessus. De nouveau, étirez-vous en ***position de l'enfant***.
- Allongez-vous maintenant sur le dos, jambes en l'air, pliées en angle droit. Vos mains sont entrelacées derrière votre tête pour la soutenir. Votre bassin doit rester neutre : si vous sentez que vous vous cambrez, ramenez vos genoux un peu plus vers vous. On passe au ***Chest Lift Advanced***.

Le mouvement

1. Inspirez, écrasez tout le poids de votre tête dans vos mains en surélevant votre buste de quelques centimètres à peine. Imaginez que votre tête fait 25 kg et qu'elle s'enfonce dans vos mains qui tentent de la soutenir. Vous créez donc une résistance : vous ressentez déjà vos abdominaux travailler. Si vous sentez que vous vous cambrez, ramenez vos genoux un peu plus vers vous.
2. Expirez, enroulez la tête et le buste pour les relever. Conservez cette résistance, votre tête est toujours très lourde.
   Inspirez, faites une pause, restez dans la posture.
   Expirez, déroulez en décomposant le mouvement pour plus de travail en profondeur.
   Inspirez, redescendez les jambes.
   Faites le mouvement 4 à 6 fois.

- Puis on réalise la version avec rotation ***(Chest Lift Advanced with Rotation)***, qui permet d'ajouter une extension des obliques.

1. Inspirez, écrasez tout le poids de votre tête dans vos mains en surélevant votre buste de quelques centimètres à peine. Imaginez que votre tête fait 25 kg et qu'elle s'enfonce dans vos mains qui tentent de la soutenir. Vous créez donc une résistance vous-même et ressentez déjà vos abdominaux travailler.
2. Expirez, enroulez la tête et le buste pour les relever et faites une rotation à droite. Conservez cette résistance, votre tête est toujours très lourde.
3. Inspirez, faites une pause, restez dans la posture. Inspirez et revenez au milieu.
4. Expirez, enroulez la tête et le buste pour les relever et faites une rotation à gauche. Conservez cette résistance, votre tête est toujours très lourde.
5. Revenez en position initiale, tête posée sur le sol.

Faites le même exercice 6 fois.

3

4

5

Alternative pour les femmes enceintes (si la position est trop intense)

Faites le même mouvement en gardant les pieds posés sur le sol.

- Ensuite, mettez-vous à quatre pattes, puis en position ***planche sur les coudes***, et maintenez la position 30 secondes pour une récupération active.

- Reposez-vous et étirez-vous en ***position de l'enfant***, avec les bras posés devant vous ❶ ou le long du corps ❷.

- Refaites le ***Chest Lift Advanced with Rotation*** (voir p. 135).
- Ensuite, mettez-vous à quatre pattes, passez en ***planche***, et maintenez la position 30 secondes pour une récupération active.
- Reposez-vous et étirez-vous en ***position de l'enfant***. Vous avez terminé !

LE PETIT + DE VOTRE JOURNÉE !

Favorisez le salé riche en protéines ou le bon gras, surtout le matin. Je vous conseille la recette de l'avocado toast (voir la recette p. 195). Concernant le pain, je vous conseille les farines alternatives à la farine blanche de blé, qui est souvent indigeste et peut provoquer des maux de ventre ou une sensation de ballonnement quasi immédiate. Pour ma part, je vous conseille le pain à la farine de seigle ou de sarrasin que vous pouvez acheter à la boulangerie, les magasins bio étant souvent très chers.

JEUDI / JOUR 4

Objectif : travailler sa silhouette en profondeur pour sculpter ses obliques

En cette quatrième matinée, vous avez déjà fait la moitié du programme et il peut être intéressant de noter vos premiers résultats ou ressentis :

Vous sentez-vous moins ballonnée ?
Digérez-vous mieux ?
Allez-vous plus souvent aux toilettes ?
Votre sommeil est-il plus profond ?
Vos règles sont-elles moins douloureuses ?
Votre ventre est-il plus plat ?

Au réveil, je vous conseille, comme les autres jours, de boire un verre d'eau tiède avec quelques gouttes de jus de citron ou du vinaigre de cidre de pomme. Petit rappel : ne regardez pas votre téléphone et dirigez-vous directement vers votre tapis.

COMMENÇONS PAR LE STOMACH VACUUM...

Installez-vous sur les genoux, toujours sur votre tapis. Je vous conseille de faire cet exercice devant un miroir, qui vous aidera énormément. Inspirez, grandissez-vous, pensez à faire un ventre plat.

À l'expiration, posez vos mains sur vos cuisses, arrondissez le bas du dos. (La position n'est absolument pas sexy, c'est tout à fait normal !)

Recommencez, inspirez, grandissez-vous. Imaginez que votre crâne cherche à toucher le plafond. Ne gonflez pas le ventre, au contraire, faites un ventre plat.

Expirez, courbez-vous en arrondissant le dos, les mains sur les cuisses. Votre bassin est en rétroversion (voir p. 62). Aspirez votre ventre au maximum, restez en apnée et faites des mouvements de vague avec votre ventre ❶, ❷, ❸, ❹.

Cette phase 2 de l'exercice du Stomach vacuum est très intense.

Relâchez votre apnée, et soufflez tranquillement.

Recommencez 5 fois.

Si vous êtes enceinte, allongez-vous sur le dos, prenez une profonde inspiration (toujours sans gonfler le ventre) et essayez de le gainer au maximum. À l'expiration, activez le périnée, en même temps que votre ventre se rentre. Reproduisez cet exercice hypopressif entre 5 et 8 fois.

> **LE CONSEIL EN +**
>
> **Le miroir est un accessoire indispensable, ne l'oubliez pas. Et surtout, pensez à activer le périnée à l'expiration !**

PASSONS AU PILATES...

- On commence avec le ***Pelvic Curl***, afin de réveiller en douceur votre sangle abdominale en sollicitant le plancher pelvien. Vous constaterez que, très souvent, mes exercices se déroulent selon le même ordre. Pour moi, il est indispensable de commencer par cette posture afin de réveiller votre corps en douceur.

1. Allongée sur le dos, votre bassin est neutre. Vos jambes sont parallèles et ouvertes à la largeur des hanches, vos genoux pliés et vos pieds posés sur le sol. Les bras sont le long du corps, vos épaules sont basses, loin de vos oreilles. Détendez-vous.

Le mouvement

2. Inspirez, rapprochez vos côtes basses et vos abdominaux en créant un début de contraction.

3. Expirez, enroulez votre bassin vers le ciel, engagez vos abdominaux, absorbez votre nombril : votre colonne vertébrale se soulève au-dessus du tapis. Rapprochez un peu vos talons vers vous pour une meilleure stabilité et un meilleur confort.
4. Montez en bridge (pont).
5. Inspirez : vous initiez le mouvement sans bouger.
6. Expirez, déroulez vertèbre après vertèbre de manière à reposer délicatement votre colonne vertébrale sur le sol (votre sacrum se pose à la fin).

Votre périnée reste actif.

7 Vous êtes revenue en position initiale. Reproduisez le mouvement 4 fois.

- On reste en position allongée, les bras ouverts sur le côté en position T, les paumes vers le ciel, les genoux pliés, pieds au sol 1. Et on enchaîne avec un ***Spine Twist Supine*** pour bien échauffer les obliques.

Le mouvement

2 Inspirez, levez un pied puis l'autre. Vos jambes toujours pliées forment un angle droit, vos genoux sont collés au-dessus du bassin, qui reste neutre. Expirez.

3 Inspirez. En gardant les jambes collées, effectuez une rotation sur le côté (sans toucher le sol). Ressentez vos obliques travailler.

4 Expirez, revenez au centre, et retrouvez votre posture initiale.

5 Inspirez, faites une rotation de l'autre côté. Pensez à bien activer le périnée.

6 Expirez, ramenez vos jambes au centre. Refaites le même exercice 4 fois.

Alternative pour les femmes enceintes (si la position est trop intense)
Faites le même mouvement en gardant les pieds posés sur le sol.

Petite transition avant de passer à l'exercice suivant…

Le mouvement

1. Restez sur le dos, jambes pliées à 90° au-dessus de vos hanches. Votre tête est posée sur le sol.
2. Inspirez pour préparer le mouvement. Expirez, allongez la jambe droite en diagonale.
3. Inspirez, revenez et faites une pause.
4. Expirez, allongez la jambe gauche à la diagonale. Inspirez, revenez et faites une pause.
5. Refaites le même exercice 4 à 6 fois.

LE CONSEIL EN +

Prenez votre temps ! Expirez bien en allongeant la jambe. Si vous sentez que vous vous cambrez trop, remontez votre jambe.

- On passe maintenant au ***Double Leg Stretch***. Vous êtes allongée sur le sol, les jambes relevées en angle droit, les genoux pliés à 90°. La tête et le buste sont relevés, les paumes posées sur les genoux, les genoux ramenés vers la poitrine ❶.

Le mouvement

❷ Inspirez, ouvrez les bras, tendez les jambes simultanément sans vous cambrer.

❸ Expirez, pliez les jambes et, simultanément, faites un cercle avec vos bras pour attraper vos genoux.

❹ Vous êtes revenue en position initiale. Reproduisez le mouvement 4 à 6 fois, puis faites une pause.

❶

❷

❸

❹

- Ensuite, passez les mains derrière la tête, relevez le buste et la tête. Vos jambes sont pliées à 90° au-dessus de vos hanches. On commence le ***Criss Cross***.

Le mouvement

2. Expirez, votre buste et vos coudes font une rotation à droite. Votre jambe droite reste pliée à 90° et votre jambe gauche s'allonge.
   Croisez, changez. Une jambe se plie, l'autre s'allonge.
3. Expirez. La jambe gauche est pliée, le buste et les coudes font une rotation vers la gauche. Votre jambe droite, elle, s'allonge.
   Croisez, changez. Pensez à bien expirer, et à toujours bien activer le périnée. Puis faites une pause si besoin. Répétez 12 fois (6 fois de chaque côté).

1

2

3

● On enchaîne directement avec le ***Leg Changes with Rotation***.

Le mouvement

Inspirez, enroulez votre bassin, en gardant vos mains derrière la tête, décollez vos omoplates du sol, décollez la jambe droite et la jambe gauche du sol pour les ramener pliées en angle droit.

1. Expirez, la jambe droite descend en direction du sol, votre pointe de pied touche le sol, votre buste et vos coudes font une rotation à droite.
Inspirez, remontez la jambe en angle droit.

2. Expirez, la jambe gauche descend en direction du sol, votre pointe de pied touche le sol. En même temps, votre buste et vos coudes font une rotation à droite.
Faites ce mouvement 4 à 6 fois à droite, puis redéposez une jambe après l'autre, et déroulez la tête et le buste sur le tapis.
Reproduisez le même mouvement à gauche 4 à 6 fois également.

1

2

Alternative femmes enceintes

Faites le même mouvement en gardant la tête posée sur le sol, les bras le long du corps, les épaules basses. Pensez à toujours engager le périnée et les abdominaux. Ne restez pas en apnée, pensez à bien souffler.

● Étirez-vous quelques secondes en ***position de l'enfant*** **:** déposez les fesses sur vos talons. Étirez vos bras devant vous, le front sur le sol. Respirez.

● C'est maintenant le moment de sortir le chrono... Mettez-vous en position ***planche*** : allongée, appuyez-vous sur les pointes des pieds et sur les coudes et stabilisez la position pendant 30 secondes, sans oublier de respirer. Ne faites pas d'apnée.

LE CONSEIL EN +

Pour dynamiser la posture, vous pouvez passer sur les mains et revenir sur les coudes. Recommencez 4 à 5 fois, en activant bien le périnée.

Bravo pour cette quatrième matinée !

LE PETIT + DE VOTRE JOURNÉE !

Si vous avez une centrifugeuse ou un extracteur, préparez-vous un jus avec des épinards, de la pomme, du céleri et du citron. Cela va vous aider à détoxifier votre organisme et vous apporter de bons minéraux et vitamines. À défaut, préparez-vous une salade de fruits frais à l'indice glycémique bas et riches en antioxydants (kiwis, pommes et ananas en fonction de la saison), à consommer dès le matin.

VENDREDI / JOUR 5

Objectif : ne rien lâcher, on voit déjà les résultats !

Au réveil, prenez quelques minutes pour respirer, buvez de l'eau. Ne regardez pas votre téléphone, foncez sur votre tapis. Conservez votre bulle de bien-être !

COMMENÇONS PAR LE STOMACH VACUUM...

1. Allongée, jambes pliées, pieds à plat sur le tapis. Vos bras sont pliés au-dessus de votre tête.
   Inspirez en cherchant encore à vous autograndir.
   Expirez en insistant sur votre gorge pour ressentir davantage l'expulsion de l'air. Pensez à toujours activer le périnée.
2. Bloquez votre souffle et aspirez votre ventre (principe de la fausse inspiration). Bien évidemment, ce geste se fait en apnée.
   Faites-le 5 à 8 fois, en prenant bien votre temps.

LE CONSEIL EN +

Pour obtenir une meilleure amplitude, n'hésitez pas à enrouler le bassin en direction du plafond (voir l'exercice du *Pelvic Curl*, p. 79). Vous constaterez que votre amplitude d'absorption est plus grande. Surtout pensez à bien activer votre périnée pour éviter les appels d'air.

Si vous êtes enceinte, dans la même position (allongée), prenez une profonde inspiration, toujours sans gonfler le ventre, et essayez de le gainer au maximum. À l'expiration, activez le périnée. En même temps, votre ventre se rentre. Reproduisez cet exercice hypopressif entre 4 et 6 fois.

CONTINUONS AVEC LE PILATES

● Allongée sur le sol, vous maintenez votre bassin en position neutre, vos jambes sont parallèles et ouvertes de la largeur des hanches, vos genoux pliés et vos pieds posés sur le sol. Vos bras sont le long du corps, épaules détendues ❶. On commence par le ***Pelvic Curl***.

Le mouvement

❷ Inspirez, rapprochez vos côtes basses et vos abdominaux en créant un début de contraction.

❸ Expirez, enroulez votre bassin vers le ciel, engagez vos abdominaux, absorbez votre nombril : votre dos se décolle du tapis. Rapprochez un peu vos talons vers vous pour une meilleure stabilité et un meilleur confort.

❹ Montez en bridge (pont).

❺ Inspirez : vous initiez le mouvement sans bouger.

❻ Expirez, déroulez vertèbre après vertèbre de manière à reposer délicatement votre colonne vertébrale sur le sol (votre sacrum se pose à la fin).

❼ Vous êtes revenue en position initiale.Reproduisez le mouvement 4 fois.

3

4

5

6

7

- Allongez-vous à nouveau sur le dos, relevez les jambes, genoux pliés à 90°. La tête est posée sur le sol, les bras sont tendus derrière la tête, à quelques centimètres au-dessus du sol 1. C'est parti pour la ***Hundred*** !

Le mouvement

Étape 1 (Hundred Preparation)

❷ Expirez, ramenez les mains devant vous, les paumes face au sol et les bras parallèles au sol, en enroulant la tête et le buste. À l'arrivée, la nuque est droite et le regard à l'horizontale.

Inspirez, déroulez votre buste et votre tête pour retrouver votre position tête allongée sur le sol. Les bras sont tendus derrière vos oreilles.

Refaites le même mouvement 4 fois.

Étape 2 (Hundred intermédiaire)

La fois suivante, restez sur votre posture, bras tendus et parallèles au sol, paumes vers le bas.

Expirez, faites 5 petits battements avec vos bras en pensant à toujours activer le périnée.

Inspirez, faites 5 petits battements avec vos bras.

Effectuez 50 battements au total, puis faites une pause avant de réaliser une deuxième série de 50 battements.

Alternative pour les femmes enceintes (si vous trouvez l'exercice trop intense)

Faites le même mouvement les pieds posés sur le sol, les jambes pliées, les épaules basses. Pensez à toujours activer le périnée et les abdominaux. Ne restez surtout pas en apnée, pensez bien à respirer.

- Reposez les jambes et étirez-vous en ***position de l'enfant*** : déposez les fesses sur vos talons. Étirez vos bras devant vous, le front sur le sol. Respirez.
- Maintenant, installez-vous en position quadrupède (à quatre pattes), comme une table. Vos mains sont sous vos épaules, vos genoux sous vos hanches, votre dos est droit, votre nuque est étirée ❶. On passe au ***gainage à quatre pattes***.

Le mouvement

❷ En stabilisant votre bassin au maximum, allongez votre jambe droite loin derrière vous, pied pointé. Surélevez votre jambe à seulement quelques centimètres du sol.

❸ Allongez votre bras opposé (le gauche) devant vous, paume de main vers l'intérieur de votre coude. Votre nuque est alignée. Vous regardez devant vous. Stabilisez ce mouvement en gainant le ventre. Aspirez le nombril, sans oublier d'activer votre périnée sur l'expiration. Restez 30 secondes en gainage, sans oublier de respirer.

4 Changez de côté : allongez la jambe gauche loin derrière vous, à quelques centimètres du sol, pied pointé. Votre hanche est bien parallèle au sol.

Votre bras droit, cette fois-ci, est allongé loin devant vous. Votre nuque est alignée, vous regardez devant vous.

LE CONSEIL EN +

Si vous souhaitez dynamiser la posture, vous pouvez toucher le sol avec une main et la jambe opposée.

Restez 30 secondes. Pensez à bien gainer le ventre, aspirez le nombril, et activez le périnée. Et on n'oublie pas de respirer.

- Étirez-vous en ***position de l'enfant*** : déposez les fesses sur vos talons. Étirez vos bras devant vous, le front sur le sol. Respirez.
- Remettez-vous à quatre pattes. Allongez la jambe droite derrière vous, puis la jambe gauche, sans bouger le bassin. Appuyez-vous sur les pointes des pieds et les coudes et stabilisez la position ***planche en statique***. Pensez à baisser les épaules et les fesses sans relâcher le bassin et les lombaires. Maintenez 30 secondes, top chrono ! Puis soufflez et recommencez 4 fois.

LE CONSEIL EN +

Pour dynamiser la posture, vous pouvez passer sur les mains et revenir sur les coudes.

- On passe maintenant au ***gainage planche latérale***. En vous appuyant du côté droit uniquement ❶, maintenez la position 30 secondes top chrono. Faites de même du côté gauche ❷. Répétez l'exercice 2 fois.

- Étirez-vous en ***position de l'enfant*** : déposez les fesses sur vos talons.
- Allongez-vous sur le dos, pliez les jambes en l'air et attrapez vos orteils ***(Baby Pose)***. Votre corps va tanguer : laissez faire, soufflez…

Votre séance est terminée, bravo !

SAMEDI / JOUR 6

Objectif : se sculpter toujours plus ! Challenge planche

C'est votre avant-dernier jour. C'est bientôt terminé : courage, vous avez fait le plus gros !

Au réveil, je vous conseille de boire un verre d'eau chaude (pas brûlante), tranquillement assise en tailleur sur votre tapis. Respirez…

UN RÉVEIL EN DOUCEUR

1. Comme le premier jour, assise en tailleur, posez les mains sur vos genoux et commencez par prendre 3 profondes inspirations par le nez. Expirez profondément 3 fois par la bouche (ne gonflez pas le ventre en inspirant). Pensez à bien ouvrir la poitrine tout en gardant les épaules basses.
À la prochaine inspiration, autograndissez-vous, ne cherchez pas à gonfler le ventre. Au contraire, inspirez, grandissez-vous en gainant votre ventre et en engageant le périnée.
2. À l'expiration, arrondissez le bas du dos, vos épaules vont vers l'avant et votre ventre se creuse davantage, faites ce mouvement 3 à 5 fois en fonction de votre ressenti. Imaginez que vous poussez votre cage thoracique vers l'avant en rentrant votre ventre au maximum.

DÉBUTONS LE STOMACH VACUUM…

Dans la même position (assise en tailleur), prenez une profonde inspiration, toujours sans gonfler le ventre. À l'expiration, vos poumons se vident.

Puis prenez une fausse inspiration (vous êtes en apnée) et aspirez votre ventre au maximum : votre périnée est activé et votre cage thoracique est projetée vers l'avant. Arrondissez le bas du dos pour creuser votre ventre davantage et obtenir une meilleure amplitude.

Maintenez quelques secondes votre apnée. Puis relâchez.

Reproduisez cet exercice hypopressif entre 5 et 7 fois.

Puis passez en position de repos (***position de l'enfant***) : les fesses sur vos talons, inclinez le torse et vos bras vers l'avant, inspirez et expirez pendant quelques secondes

Si vous êtes enceinte, l'apnée est contre-indiquée. Je vous propose une alternative très similaire. Dans la même position, assise en tailleur, prenez une profonde inspiration (toujours sans gonfler le ventre), essayez de le gainer au maximum. À l'expiration, activez le périnée. En même temps, votre ventre rentre encore un peu plus. Reproduisez cet exercice hypopressif entre 5 et 7 fois. Ensuite, passez en position de repos (***position de l'enfant***) : les fesses sur vos talons, inclinez le torse et vos bras vers l'avant, inspirez et expirez quelques secondes.

Évidemment, l'idée n'est pas de creuser votre ventre comme pour le Stomach vacuum, mais cet exercice hypopressif sera idéal pour continuer à maintenir votre sangle abdominale et votre périnée en activité. Il vous sera de plus très utile pour renforcer votre transverse ainsi que votre dos !

CONTINUONS AVEC LE PILATES...

- Mettez-vous en position quadrupède (à quatre pattes), comme une table. Vos mains sont sous vos épaules, vos genoux sous vos hanches, votre dos est droit, votre nuque est étirée ❶. On commence par le ***gainage à quatre pattes***.

Le mouvement

❷ En stabilisant votre bassin au maximum, allongez votre jambe droite loin derrière vous, pied pointé. Surélevez votre jambe à seulement quelques centimètres du sol.

❸ Allongez votre bras opposé (le gauche) devant vous, paume de main vers l'intérieur de votre coude. Votre nuque est alignée. Vous regardez devant vous.

Stabilisez ce mouvement en gainant le ventre. Aspirez le nombril, sans oublier d'activer votre périnée sur l'expiration. Top chrono : restez 1 minute en gainage, sans oublier de respirer (45 secondes, si c'est trop intense).

❹ Changez de côté : allongez la jambe gauche loin derrière vous, à quelques centimètres du sol, pied pointé. Votre hanche est bien parallèle au sol.

Votre bras droit, cette fois-ci, est allongé loin devant vous. Votre nuque est alignée, vous regardez devant vous. Top chrono : restez 1 minute en gainage, sans oublier de respirer (45 secondes si c'est trop intense).

LE CONSEIL EN +

Pendant tout l'exercice, pensez à bien gainer le ventre. Aspirez le nombril et activez le périnée. Et on n'oublie pas de respirer !

- Étirez-vous maintenant en ***position de l'enfant*** : déposez les fesses sur vos talons. Étirez vos bras devant vous ❶ ou le long du corps ❷, le front sur le sol. Respirez.

- On passe au gainage en position ***planche statique***. En restant à quatre pattes, allongez la jambe droite derrière vous, puis la jambe gauche, sans bouger le bassin. Appuyez-vous sur les pointes des pieds et les coudes, et stabilisez la position planche. Pensez à baisser les épaules et les fesses sans relâcher le bassin et les lombaires. Votre ventre est bien plat, poussez les talons et surtout respirez ! Top chrono : maintenant la position 1 minute (ou 45 secondes si c'est trop intense).

LE CONSEIL EN +

Pour dynamiser la posture, vous pouvez passer sur les mains et revenir sur les coudes.

2. Étirez-vous maintenant en ***position de l'enfant*** : déposez les fesses sur vos talons. Étirez vos bras devant vous, le front sur le sol. Respirez pendant 30 secondes.

- On passe maintenant au ***gainage planche latérale***. Remettez-vous en position planche, en vous appuyant uniquement sur le côté droit ❶. Top chrono : maintenez la position 1 minute (ou 45 secondes, si c'est trop intense). Faites la même chose du côté gauche ❷. Votre ventre est toujours bien plat, poussez les talons et surtout respirez !

- Étirez-vous maintenant en ***position de l'enfant*** : déposez les fesses sur vos talons. Étirez vos bras devant vous, le front sur le sol. Respirez pendant 30 secondes.
- On enchaîne avec un nouveau ***gainage à quatre pattes***. Maintenez la position 1 minute (ou 45 secondes, si c'est trop intense). Pensez à bien stabiliser votre corps, et à garder le ventre plat.
  Étirez-vous à nouveau en ***position de l'enfant*** pendant 30 secondes.
  On enchaîne à nouveau avec un ***gainage planche*** (1 minute, ou 45 secondes si c'est trop intense). On pense toujours à bien respirer.
- Étirez-vous à nouveau en ***position de l'enfant*** pendant 30 secondes.
- Et c'est reparti pour un ***gainage planche latérale***. Top chrono : 1 minute (ou 45 secondes) de chaque côté. Puis on se repose en ***position de l'enfant***.

Vous pouvez enchaîner cette série de postures 3 à 4 fois : vous vous sentirez gainée et bien plus tonique. Ces exercices sont à faire tous les jours si vous le souhaitez ! En les associant au Stomach vacuum, vous obtiendrez des résultats flagrants dès le troisième jour. Il suffit d'être régulière : tout n'est qu'une question de régularité !

LE PETIT + DE VOTRE JOURNÉE !

- **Pensez toujours à vous gainer : même quand vous marchez, rentrez votre ventre tout en respirant. Vous verrez qu'à terme, ce mouvement deviendra naturel. Il vous permettra de travailler continuellement en hypopressif.**
- **Veillez aussi à bien respirer ! Nous sommes très nombreuses à rester en apnée durant nos journées, souvent lorsque nous sommes concentrées. Alors soufflez, forcez-vous à expirer !**

DIMANCHE / JOUR 7

Objectif : se remercier, se féliciter, reprendre possession de son corps…

Pour ce dernier jour, je vous propose de faire un petit mix de tout ce que vous avez appris ces six derniers jours. Comme toujours, prenez le temps de vous réveiller et de boire un verre d'eau ou une tisane chaude détox.

ON COMMENCE PAR LE STOMACH VACUUM…

Installez-vous sur les genoux, toujours sur votre tapis. Je vous conseille de faire cet exercice devant un miroir, qui vous aidera énormément. Inspirez, grandissez-vous, pensez à faire un ventre plat.

À l'expiration, posez vos mains sur vos cuisses, arrondissez le bas du dos. (La position n'est absolument pas sexy, c'est tout à fait normal !)

Recommencez, inspirez, grandissez-vous. Imaginez que votre crâne cherche à toucher le plafond. Ne gonflez pas le ventre, au contraire, faites un ventre plat.

Expirez, courbez-vous en arrondissant le dos, les mains sur les cuisses. Votre bassin est en rétroversion (voir p. 62). Aspirez votre ventre au maximum, restez en apnée et faites des mouvements de vague avec votre ventre ❶, ❷, ❸, ❹. Cette phase 2 de l'exercice du Stomach vacuum est très intense.

❶

❷

3

4

> **LE CONSEIL EN +**
>
> **Le miroir est un accessoire indispensable, ne l'oubliez pas. Et surtout, pensez à activer le périnée à l'expiration !**

Relâchez votre apnée, et soufflez tranquillement. Recommencez 5 fois.

Si vous êtes enceinte, allongez-vous sur le dos, prenez une profonde inspiration (toujours sans gonfler le ventre) et essayez de le gainer au maximum. À l'expiration, activez le périnée, en même temps que votre ventre se rentre. Reproduisez cet exercice hypopressif entre 5 et 8 fois.

CONTINUONS AVEC LE PILATES...

- À quatre pattes sur le sol, vos bras écartés de la largeur de vos épaules, les doigts vers l'avant. Votre bassin est neutre, ne vous cambrez pas ①. C'est parti pour le ***Cat Stretch***.

Le mouvement

② Inspirez, cherchez à étirer votre nuque et creusez le haut du dos sans trop vous cambrer.

③ Expirez, arrondissez totalement le bas du dos, absorbez le nombril, en regardant en direction de vos orteils.

Reproduisez le mouvement 4 fois.

- Allongez-vous maintenant sur le dos, les jambes en l'air, pliées en position angle droit. Vos mains sont entrelacées derrière votre tête pour la soutenir. Votre bassin doit rester neutre : si vous sentez que vous vous cambrez, ramenez vos genoux un peu plus vers vous. On commence le ***Chest Lift Advanced***.

Le mouvement

1. Inspirez, écrasez tout le poids de votre tête dans vos mains en surélevant votre buste de quelques centimètres à peine. Imaginez que votre tête fait 25 kg et qu'elle s'enfonce dans vos mains qui tentent de la soutenir. Vous créez donc une résistance : vous ressentez déjà vos abdominaux travailler. Si vous sentez que vous vous cambrez, ramenez vos genoux un peu plus vers vous.
2. Expirez, enroulez la tête et le buste pour les relever. Conservez cette résistance, votre tête est toujours très lourde.

Inspirez, faites une pause, restez dans la posture.

Expirez, déroulez en décomposant le mouvement pour plus de travail en profondeur.

3 Vous êtes revenue en position initiale. Faites le mouvement 4 à 6 fois.

Alternative pour les femmes enceintes

Faites le même mouvement avec les pieds posés sur le sol, les jambes écartées de la largeur des hanches, en conservant le même principe de respiration. Pensez à bien engager vos abdominaux et votre périnée.

- Après une petite pause pour souffler, on enchaîne sur un ***Spine Twist Supine***. Toujours allongée sur le dos, vous ouvrez les bras sur le côté en position T, les paumes vers le ciel. Vos genoux sont pliés et vos pieds posés sur le sol 1.

Le mouvement

2. Inspirez, levez un pied puis l'autre. Vos jambes toujours pliées forment un angle droit, vos genoux sont collés au-dessus du bassin, qui reste neutre. Expirez.
3. Inspirez. En gardant les jambes collées, effectuez une rotation sur le côté (sans toucher le sol). Ressentez vos obliques travailler.
4. Expirez, revenez au centre, et retrouvez votre posture initiale.
5. Inspirez, faites une rotation de l'autre côté.
6. Expirez, ramenez vos jambes au centre. Refaites le même exercice 4 fois.

LE CONSEIL EN +

Vous devez ressentir vos obliques travailler profondément.

Alternative pour les femmes enceintes (si vous trouvez l'exercice trop intense)

Faites le même mouvement en gardant les pieds au sol. Basculez simplement les genoux de chaque côté en conservant le même principe de respiration. Pensez à bien engager vos abdominaux et votre périnée.

- Mettez-vous en ***position de l'enfant*** pour vous reposer et souffler quelques secondes : posez les fesses sur vos talons, étirez vos bras devant vous ❶ ou le long du corps ❷, et posez le front sur le sol.

- On passe au ***Leg Changes Advanced***. Allongée sur le dos, vous entrelacez vos mains derrière votre tête pour la soutenir. Votre bassin est neutre. Vos pieds sont posés à plat sur le sol et vous pliez les genoux ❶.

Le mouvement

❷ Inspirez, enroulez votre bassin et votre tête, décollez vos omoplates du sol, décollez la jambe droite et la jambe gauche du sol pour les ramener pliées en angle droit.

❸ Expirez, la jambe droite descend en direction du sol, votre pointe de pied touche le sol.

❹ Inspirez, remontez la jambe en angle droit.

❺ Expirez, la jambe gauche descend en direction du sol, votre pointe de pied touche le sol.

❻ Faites ce mouvement 4 à 6 fois à droite, puis redéposez une jambe après l'autre, et déroulez la tête et le buste sur le tapis. Reproduisez le même mouvement à gauche 4 à 6 fois.

❶

❷

❸

❹

5

6

La séance commence à devenir intense : courage !

- On enchaîne sur le ***Criss Cross***. Allongez-vous sur le dos, la tête et le buste relevés. Vos genoux sont pliés à 90° au-dessus du sol, et vos mains sont derrière la tête ❶.

Le mouvement

❷ Expirez, votre buste et vos coudes font une rotation à droite. Votre jambe droite reste pliée à 90° et votre jambe gauche s'allonge.

❸ Croisez, changez. Une jambe se plie, l'autre s'allonge.

Expirez. La jambe gauche est pliée, le buste et les coudes font une rotation vers la gauche. Votre jambe droite, elle, s'allonge.

Croisez, changez. Pensez à bien expirer, et à toujours bien activer le périnée. Puis faites une pause si besoin.

Répétez 12 fois (6 fois de chaque côté).

1

2

3

- On termine la séance avec une ***planche statique*** (2 × 30 secondes) ou avec un ***gainage à quatre pattes*** (4 × 30 secondes, pour faire l'exercice de chaque côté). À vous de choisir !

Votre semaine est enfin terminée, vous pouvez sincèrement vous remercier. L'important est de l'avoir fait, bravo !

Si vous souhaitez continuer sur cette lancée, vous pouvez tout à fait reprendre tous les exercices que je vous ai proposés durant cette semaine 1. L'idée est que vous instauriez votre routine simple, rapide et efficace. Intégrez le Stomach vacuum dans la position que vous voulez tous les matins, choisissez quelques exercices Pilates, et *go* !

VOTRE RETOUR D'EXPÉRIENCE

Si vous avez constaté des résultats, notez-les. J'espère que vous avez pris des photos avant/après ? N'hésitez pas à m'écrire sur Instagram ou par e-mail, et à me faire vos retours sur cette première semaine !

« Troisième jour de BellySculpting, c'est incroyable, je me sens déjà légère et dégonflée !!! Ça se voit à l'œil nu ! C'est impressionnant, merci pour tout ce que tu fais ! »

« Je suis accro, ton programme me donne un élan de motivation que je n'ai jamais eu auparavant et j'espère avoir la volonté de continuer encore longtemps ! Merci pour toute cette inspiration. »

« Ce matin, j'ai été réveillée par la douleur à cause de l'endométriose. Avant, jamais je n'aurais pu aller travailler ou bien envisager une journée normale, mais grâce à ta méthode, le soulagement est quasi immédiat. Un immense merci ! »

« Depuis que je te suis sur Insta et que je pratique tes cours, ma mentalité a totalement changé, tu m'as aidée à aimer mon corps et à en prendre soin, à l'écouter et surtout à le changer ! Après deux grossesses, j'étais super complexée par mon ventre et je n'arrivais pas à accrocher sur un régime ou une activité sportive. Et puis, bim, je suis tombée sur ta page il y a quelques mois et j'ai totalement adhéré. J'ai perdu une dizaine de kilos depuis et mon ventre est redevenu plat. »

« Ça fait tellement de bien ! Je n'aurais jamais cru dire ça en parlant de sport ! Je n'ai jamais été sportive et pourtant, je suis ton programme tous les jours depuis un mois. Je commence même à avoir hâte de faire ma séance, chose inimaginable il y a encore quelques semaines. Je n'ai jamais eu d'abdo de ma vie et je commence à en voir apparaître, c'est magique ! »

PARTIE 5

Mon alimentation ventre plat

Selon moi, il est indispensable d'opter pour une alimentation anti-inflammatoire et plus intuitive. Avoir un ventre plat, c'est bien, obtenir un ventre plus plat, c'est motivant, mais prendre soin de sa santé, c'est encore mieux ! Les maladies inflammatoires sont de plus en plus fréquentes et le premier indice pour les repérer est tout simplement votre assiette. Lipœdème, ballonnements, troubles alimentaires, stress, burn-out... dans mon cas, tout ça est certes la conséquence d'une hérédité, mais aussi d'un quotidien qui a eu tendance à acidifier et à enflammer mon organisme.

Mes 10 meilleurs conseils ventre plat, par Marion Kaplan

Marion Kaplan est bionutritionniste. Elle est l'auteure, entre autres, de *Paléobiotique* (éditions Thierry Souccar, 2015), de *Powerbiotique* (avec Alma Rota, Guy Trédaniel éditeur, 2018) et de *Mes recettes powerbiotiques* (avec Alma Rota, Guy Trédaniel éditeur, 2020).

Elle a accepté de partager avec vous ses 10 bons réflexes quotidiens à adopter pour bien digérer, éviter les ballonnements et conserver un ventre plat.

1 Mastiquez, mastiquez, mastiquez !

C'est le conseil le plus important. Bien mastiquer, c'est résoudre 80 % de ses problèmes de ballonnements, de ventre gonflé, de dysbiose... Si vous ne le faites pas, vous n'aurez jamais un ventre plat, car, dans vos intestins, les bactéries vont fermenter pour essayer de rattraper tout ce travail de mastication et de décomposition qui n'a pas été fait dans votre bouche et dans votre estomac. Votre objectif est donc de mastiquer longuement vos aliments, quels qu'ils soient, et de les avaler une fois qu'ils sont réduits en bouillie. Certes, cela prend un peu de temps, surtout pour certains aliments comme la viande... Si vous vous dites que vous n'avez pas le temps, il vaut mieux ne pas manger.

2 Mangez uniquement quand vous avez faim.

De nombreuses personnes mangent par habitude, parce que c'est l'heure du repas, ou elles le font pour éviter d'avoir faim plus tard. Or il est essentiel d'écouter votre corps, personne d'autre que vous ne peut vous dire quand vous avez faim !

❸ Mangez moins le soir et mieux le matin.

Quand on mange bien le soir, il est rare d'avoir faim le matin. Or on devrait faire l'inverse : manger léger le soir, plutôt végétarien (des légumes, une soupe…), et de bonne heure, afin d'avoir faim au réveil. Le matin est le bon moment pour prendre un vrai repas, riche en protéines : des œufs, de l'avocat, du poulet, une galette de sarrasin avec du fromage (si vous le supportez bien)… Évitez à tout prix les fruits et les céréales sucrées avec du lait : ballonnements assurés. Rien de tel pour gâcher toute sa journée !

❹ Évitez tous les aliments pro-inflammatoires.

Cela concerne toutes les céréales à gluten (blé, seigle, avoine, orge…), les produits laitiers de vache (vous pouvez opter pour le lait de chèvre ou de brebis si vous n'êtes pas intolérante au lactose) et le sucre sous toutes ses formes, y compris le miel, le sucre complet… Si vous avez le bec sucré, préférez le xylitol ou de l'érythritol, qui affichent un index glycémique bas ou nul (ils peuvent être un peu laxatifs chez certaines personnes). En période d'inflammation, je conseille même d'éviter toutes les céréales, y compris celles sans gluten comme le riz. On peut éventuellement continuer à consommer certaines céréales sans lectines (des composants antiparasitaires développés par la plante pour lutter contre les nuisibles) : manioc (tapioca), amarante… Les farines de coco, noisettes ou amandes sont également autorisées. On rejoint ainsi l'alimentation paléobiotique ou powerbiotique que je préconise dans mes livres. Si on veut obtenir un ventre plat, cela correspond à la phase 1. On peut ensuite, en phase 2, réintroduire les aliments qui ont tendance à fermenter, comme les lentilles, les pois chiches (à consommer très cuits ou prégermés), certains légumes… Dans tous les cas, restez à l'écoute de votre corps. Certains aliments, considérés comme sains, peuvent ne pas vous convenir et provoquer chez vous des ballonnements (poireaux, artichauts…).

❺ Évitez les crudités si elles vous ballonnent.

À la place, consommez des légumes cuits *al dente* au Vitaliseur. Et accompagnez-les d'un jus de légumes frais broyés avec un peu d'eau (pour conserver les fibres), afin de conserver un peu de cru dans votre repas.

⑥ Évitez les grignotages entre deux repas.

Votre intestin a besoin de se nettoyer entre les repas. Idéalement, il faut compter entre cinq et six heures entre deux prises alimentaires.

⑦ Limitez les fruits

Un ou deux fruits de saison bio par jour suffisent amplement. Ils peuvent être mangés au goûter, dans l'après-midi.

⑧ Mangez en pleine conscience.

Si vous prenez bien soin de mastiquer (voir mon conseil n° 1), vous mangez déjà plus lentement. Je conseille également de poser vos couverts entre chaque bouchée. Ainsi, reprendre vos couverts demandera un acte volontaire de votre part, qui peut être fait en conscience. De cette manière, vous prenez aussi conscience de ce que vous mettez dans votre bouche, des goûts et des textures qui changent selon la mastication. Cela permet de ralentir la vitesse de votre repas, et d'améliorer votre digestion. Si vous vous efforcez de le faire à chaque repas, en trois mois, cela deviendra une habitude. Cela vous permettra aussi de bien respirer entre chaque bouchée. N'oubliez pas que vos mitochondries, les centrales énergétiques présentes dans chacune de vos cellules, ont besoin de nutriments mais aussi d'oxygène.

⑨ Buvez un peu en mangeant, de toutes petites gorgées.

Il sera tout de même préférable de boire avant ou à la fin du repas.

⑩ Bougez pour drainer !

L'exercice physique régulier est bien sûr très important. Levez-vous de votre chaise toutes les deux heures, sautez, dansez, montez les escaliers, marchez, faites du vélo, de la trottinette… Faites tout ce que vous voulez, mais bougez !

Les conseils micronutrition

La micronutrition est une approche de l'alimentation particulièrement importante à mes yeux. En effet, chacune de nous a un métabolisme qui lui est propre, et donc des besoins nutritionnels spécifiques. La nutrition au sens classique du terme repose sur les apports en nutriments (glucides, lipides, protéines...), alors que la micronutrition, elle, s'intéresse surtout aux micronutriments, à savoir les vitamines, minéraux et oligoéléments, les acides gras, les pré- et probiotiques, les acides aminés, les antioxydants... Ils n'ont pas de valeur énergétique mais sont essentiels pour que notre organisme puisse bien fonctionner.

L'approche micronutritionnelle consiste à comprendre les besoins spécifiques à chaque personne, afin de les combler, grâce à une alimentation et une complémentation adaptées. Par exemple, l'huile d'onagre est connue pour soulager certains symptômes liés aux troubles prémenstruels et à la ménopause. Une supplémentation en vitamine C permet de potentialiser le fer en cas d'anémie. La vitamine D est importante, entre autres, dans le traitement de l'endométriose puisqu'elle permettrait de réduire l'inflammation. Autre exemple : le magnésium est un antistress naturel et permet de lutter contre la fatigue... La micronutrition permet aussi de trouver des solutions pour régénérer et drainer le foie si nécessaire, afin qu'il puisse fonctionner au mieux, et pour éviter les désordres hormonaux, les problèmes de peau...

La micronutrition vise la bonne santé, l'équilibre. Le régime nutritionnel va être adapté en fonction des besoins, des carences, de l'état de santé et de l'alimentation. Il prend en compte le mode de vie, le rythme de vie, ainsi que les envies.

Pour profiter des bienfaits de la micronutrition, il est important de faire un bilan avec un professionnel de santé. Évitez de « copier » ce que font vos amis, ou d'appliquer à la lettre des conseils trouvés sur Internet : nous avons tous des besoins différents, ce qui est valable pour une personne ne l'est pas forcément pour une autre.

3 QUESTIONS À AURÉLIE CANZONERI, NATUROPATHE CERTIFIÉE FENA

WWW.CANZONERI-NATUROPATHE.COM

En quoi la micronutrition est-elle une pratique complémentaire du BellySculpting ?

« La micronutrition est un complément nécessaire au BellySculpting puisqu'elle va permettre de renforcer les effets de cette méthode. Lorsque l'on souhaite avoir le ventre plat, le sport est important, mais le fait d'adapter son alimentation et de s'assurer d'avoir les nutriments nécessaires à l'élimination et au renforcement musculaire va permettre de pérenniser les résultats, et même d'avoir de meilleurs résultats ! »

La micronutrition peut-elle aider à avoir un ventre plus plat ?

« Oui. Lorsque l'on a des carences, on peut avoir des comportements différents. Un manque de vitamine C, de fer, de magnésium par exemple peut nous rendre plus fatiguées, plus perméables au stress, de mauvaise humeur… On va alors chercher du réconfort dans la nourriture, manger plus de sucre, boire du café plusieurs fois par jour… Ce qui, à terme, fait grossir et arrondir le ventre. Changer son alimentation, miser sur les aliments riches en nutriments et se complémenter si ce n'est pas assez, si la carence est trop importante, va permettre d'éviter ce comportement, d'en finir avec le grignotage, d'être d'humeur plus constante et, *in fine*, d'avoir un ventre plus plat. Il y a un lien entre notre santé mentale et notre physique. »

Quels sont les bons réflexes en micronutrition à intégrer dans sa routine ventre plat ?

« Il est tout d'abord essentiel de bien s'hydrater, de boire de l'eau tout au long de la journée. Je conseille aussi de limiter le sel. À table, par exemple, on peut remplacer la salière par des épices douces, des herbes aromatiques, des graines… Il est également important de surveiller son transit intestinal pour aller à la selle une fois par jour au moins. Pour un bon transit, il faut manger des fibres, boire de l'eau, consommer des pré- et probiotiques si besoin. Le mélange eau + citron + huile d'olive peut s'avérer efficace. La spiruline également. Évitez les plats trop lourds, mangez lentement, en conscience, et sachez vous arrêter de manger quand vous n'avez plus faim. Enfin, évitez autant que possible les légumineuses, les boissons gazeuses, les plats industriels, le sucre, les crucifères (chou-fleur, brocoli…), etc. »

12 recettes anti-inflammatoires pour un ventre plus plat au quotidien

Sofiia Manousha, fondatrice de notre site de Beauty Food *My BeautyFuel Food*, vous dévoile ses meilleures recettes, à intégrer dans votre quotidien pour entretenir votre microbiote et obtenir un ventre plus plat.

RECETTE 1
MORNING ÉLIXIR

Cette boisson consommée à jeun le matin permet de stimuler l'appareil digestif et d'évacuer plus rapidement les toxines de la nuit.

Pour 1 verre

Ingrédients :

1 cuillère à soupe de vinaigre de cidre
1 demi-citron
1 verre d'eau tiède

Préparation :

1. Mélangez les ingrédients.
2. Buvez cette préparation 30 minutes avant le petit déjeuner. Faites une cure de 3 mois.

ZOOM SUR...

Le vinaigre de cidre de pomme : il contient de l'acide acétique qui favorise la combustion des graisses et régule le taux de sucre dans le sang. Associé au citron, qui est un alcalinisant puissant, il aide à éliminer les toxines via les reins et les voies urinaires. Il stimule également les enzymes du foie. De plus, la présence de pectine (dans les pommes), qui est un coupe-faim naturel, agit sur le taux de cholestérol dans le sang.

LE CONSEIL EN +

Pour les fruits, évitez les plus sucrés comme la banane ou la mangue ; privilégiez les fruits acides, ils sont beaucoup plus digestes et riches en vitamines, comme les fruits rouges.

RECETTE 2
BREAKFAST BOWL

Ce bowl complet contient tous les nutriments nécessaires pour bien commencer votre journée, entretenir votre peau et faciliter votre transit intestinal.

Pour 1 bowl

Ingrédients :

100 g de yaourt de coco
1 cuillère à café de poudre de klamath
1 cuillère à café de poudre de baobab
2 cuillères à café d'huile de graines de lin
1 cuillère à soupe de mélange de graines moulues (tournesol, courge, sésame, lin…)
quelques chips de coco
2 carrés de chocolat noir à teneur en cacao la plus élevée (minimum 85 % ; 100 % pour moi) et au sucre de coco pour faire le plein de magnésium
1 cuillère à café de purée d'amande crue
1 poignée de fruits rouges

Préparation :

1. Dans un bol, versez le yaourt de coco, les poudres de *superfoods* (klamath et baobab), une cuillère à café d'huile de graines de lin et la purée d'amande crue. Mélangez.
2. Ajoutez les graines (que vous pouvez faire griller quelques minutes à la poêle si vous les aimez croustillantes), les chips de coco, les carrés de chocolat noir en petits morceaux et les fruits rouges.
4. Pour finir, versez délicatement sur le dessus la cuillère à café d'huile de graines de lin restante. Dégustez.

ZOOM SUR...

Le yaourt de coco : il est riche en potassium et en probiotiques (les meilleurs amis de notre flore intestinale). De plus, comme il ne contient pas de lactose, il est anti-inflammatoire et digeste.

La poudre de klamath : elle stimule la libération et la migration de nos cellules souches, permettant la régénération de ces mêmes cellules et la réparation de nos tissus. La klamath est une algue qui contient de la phényléthylamine, un puissant neurotransmetteur souvent appelé « molécule du plaisir », à l'origine de la libération d'adrénaline et de dopamine, ayant un effet positif sur le moral. Riche en vitamine B12, en chlorophylle et en protéines végétales, c'est une algue détoxifiante, antioxydante, anti-inflammatoire et antibactérienne. Elle protège le système cardio-vasculaire et stimule le système immunitaire.

La poudre de baobab : elle est riche en vitamines A, B1, B2 et C. Elle vous permet de booster votre énergie et de rester en forme. Sa haute teneur en vitamine C en fait un très bon antioxydant qui protège nos cellules des radicaux libres, du vieillissement et du développement des maladies. Le baobab est également riche en minéraux (calcium, phosphore, zinc, magnésium, fer, manganèse...) et en acides gras essentiels qui sont indispensables au bon fonctionnement de notre organisme. Ils participent à l'équilibre de la peau. Ces composants contribuent en effet à la régénération et à la protection de l'épiderme, ils assurent sa teneur en eau et favorisent la microcirculation.

L'huile de lin : elle est riche en acides gras oméga-6 et oméga-3. Ces derniers sont indispensables pour l'organisme, qui ne peut les fabriquer seul. L'huile de lin favorise l'hydratation de la peau et son élasticité. De plus, les acides gras oméga-3 agissent contre le vieillissement prématuré cutané. Au niveau du cerveau, ils améliorent les capacités d'apprentissage et de concentration et seraient une des pistes intéressantes de la prévention alimentaire de la maladie d'Alzheimer.

Les graines (de courge, de tournesol, de lin...) : elles sont une mine d'or pour notre santé. Riches en zinc, protéines, fer et fibres, elles sont un allié antivieillissement pour notre peau. Leur richesse en magnésium permet d'agir contre l'anxiété, le stress, le syndrome prémenstruel ou encore les crampes. À ajouter partout !

Le cacao cru et le chocolat noir : on ne vantera jamais assez les pouvoirs magiques de cet aliment venu du Mexique. Contenant TOUT ce dont notre corps a besoin, le chocolat noir regorge d'antioxydants qui luttent contre les radicaux libres responsables du vieillissement de la peau et de l'oxydation de nos cellules. Riche en magnésium et en polyphénols, le cacao cru permet de lutter contre la fatigue, le stress, la mauvaise humeur, la dépression et de booster votre sérotonine, essentielle pour votre bien-être mental.

La purée d'amande crue : grâce à sa richesse en antioxydants, en oméga-3, en magnésium et en biotine (vitamine B8), c'est un allié de taille pour une bonne santé de la peau, des cheveux et des ongles.

RECETTE 3

GREEN PROTÉINES SMOOTHIE

Commencer sa journée avec des bonnes graisses (comme ici avec l'avocat), c'est physiologiquement excellent. Manger gras le matin diminue le taux d'insuline : privé de son carburant, l'organisme va aller puiser dans les graisses stockées. En d'autres termes, manger gras le matin fait maigrir !

Pour 1 smoothie

Ingrédients :

1 tasse d'eau de coco

1 cuillère à café de yaourt de coco (ou de lait d'amande non sucré pour rendre votre smoothie encore plus crémeux)

1 belle cuillère à café de purée d'amande non sucrée

1 demi-avocat (gros calibre)

1 cuillère à café de cacao cru (ou 2 en période prémenstruelle)

1 cuillère à café de poudre de poudre de pearl

1/4 de cuillère à café de poudre de matcha (en option, pour encore plus de *glow* et d'antioxydants !)

1 petite pincée de sel rose de l'Himalaya

Préparation :

1. Versez tous les ingrédients dans le blender, et mixez pendant 30 à 40 secondes.
2. Ajoutez quelques glaçons. Dégustez !

ZOOM SUR...

L'avocat : c'est le fruit le plus riche en bons lipides (oméga-9). Il réduit le taux de cholestérol, tout en apportant des vitamines C et E. Cependant, il ne faut pas en abuser, car c'est aussi un aliment gras : à forte dose, il peut faire grossir. Une moitié le matin dans votre smoothie, c'est parfait.

L'eau de coco : elle est riche en potassium.

La purée d'amande : elle est intéressante pour sa richesse en antioxydants, en oméga-3, en magnésium et en biotine, élément essentiel pour la santé de la peau, des cheveux et des ongles.

Le cacao cru : il contribue à réduire la fatigue, les fringales et les crampes. C'est l'un des aliments les plus riches en antioxydants et en magnésium. Il est également source de fer, riche en polyphénols et en soufre. Il aide à régénérer le collagène et la kératine. Idéal pour l'éclat de la peau et la beauté des ongles.

Le thé matcha : riche en antioxydants, il booste le métabolisme et régule le taux de sucre dans le sang. Il est anti-inflammatoire, antioxydant, antivieillissement, anticancer… Je l'adore : j'en mets peu pour bénéficier de ses bienfaits, et on ne le sent pas du tout.

RECETTE 4
MACRO BOWL

Ce Macro Bowl est la base de l'alimentation macrobiotique[5]. Il est constitué de tous les nutriments dont l'organisme a besoin pour fonctionner correctement.

Pour 1 bowl

Ingrédients :

1 quartier de potimarron
Quelques bouquets de brocoli
1 pleine poignée de fèves edamame
100 g de riz rouge sauvage bio
100 g de tofu lactofermenté
quelques graines de chanvre (en option)
1 cuillère à soupe de sauce soja
1 cuillère à soupe de tahini + vinaigre de cidre de pomme
sel de l'Himalaya, cannelle
2,5 cuillères à café d'huile de coco

Préparation :

1. Préchauffez le four à 200 °C.
2. Rincez le potimarron, épépinez-le et coupez-le en tranches fines (gardez sa peau, car elle contient beaucoup de minéraux). Salez, ajoutez un peu de cannelle et l'huile de coco, mélangez et enfournez pour 30 minutes.
3. Faites cuire les bouquets de brocoli 5 minutes à la vapeur.

5. L'alimentation macrobiotique est basée sur l'équilibre yin-yang. Elle recommande de limiter les aliments très yin (sucre raffiné, légumes crus, noix, alcool…) et les aliments très yang (viandes, volailles, sel raffiné, café, épices…). En pratique, elle est majoritairement végétarienne et met l'accent sur la consommation d'aliments naturels et biologiques (légumes cuits, céréales et légumineuses).

4. Faites cuire le riz rouge pendant 25 à 30 minutes dans une casserole (portez à ébullition pendant 5 minutes, puis couvrez et laissez cuire pendant 20 minutes à feu doux).
5. Laissez tremper les fèves edamame dans un bol d'eau bouillante pendant 10 à 15 minutes, rincez-les sous un jet d'eau froide.
6. Coupez le tofu en dés et faites-le mariner avec la sauce soja. Faites-le dorer dans une poêle chaude avec une cuillère à café d'huile de coco (facultatif).
7. Écrasez le demi-avocat, ajoutez une pincée de sel et quelques graines de chanvre.
8. Dans un petit bol, mélangez le tahini avec un peu de vinaigre de cidre de pomme.
8. Rassemblez l'ensemble des ingrédients dans un grand bol. Arrosez avec le mélange tahini-vinaigre de cidre. Dégustez.

ZOOM SUR...

Le potimarron : il est... est très peu calorique (environ 30 kcal pour 100 g) et source de fibres qui facilitent sa digestion (environ 2,5 g de fibres pour 100 g – on préconise de consommer 25 g voire 30 g de fibres par jour).

Il est riche en vitamines A, C, D, E et en carotènes. C'est le légume qui détient le record en provitamine A (ou bêta-carotène), un antioxydant essentiel à la santé de la peau (et à la beauté du teint).

Il contient également de nombreux sels minéraux tels que le calcium (53 mg pour 100 g), le fer (1 mg pour 100 g), le magnésium (17 mg pour 100 g), le phosphore (104 mg pour 100 g), le potassium (32 mg pour 100 g), ou encore le sodium (7,34 mg pour 100 g).

Enfin, il est riche en oligoéléments et notamment en manganèse (qui lutte contre les radicaux libres et participe à une douzaine de processus métaboliques essentiels), en silicium (0,4 mg pour 100 g) et en zinc, qui participe aux réactions immunitaires et à la cicatrisation notamment.

Il contient 12 acides aminés, les fameux composants des protéines.

ZOOM SUR...

Les graines de chanvre : elles sont riches en protéines, fibres et divers minéraux (notamment en zinc).

RECETTE 5

DELICIOUS AVOCADO TOAST

Riche en protéines et en bon gras, cette recette est idéale le matin, si vous aimez manger salé, ou à tout moment de la journée. Le bon gras aide à stabiliser le taux d'insuline et à éviter les pics de glycémie. Source d'énergie, il est beaucoup mieux assimilé par le corps le matin que le soir.

Pour 1 personne

Ingrédients :

1 tranche de pain (veillez à choisir du pain au levain, aux farines anciennes, et sans gluten)
1 demi-avocat bien mûr
1 œuf
quelques graines de chanvre
quelques graines germées
sel de l'Himalaya, poivre

Préparation :

1. Faites toaster le pain.
2. Faites cuire l'œuf mollet.
3. Pelez l'avocat et écrasez-le. Tartinez-le sur la tranche de pain. Posez l'œuf mollet dessus.
4. Salez et poivrez, ajoutez les graines germées et les graines de chanvre.

LE CONSEIL EN +

Le temps de cuisson pour le parfait œuf mollet est de 6 minutes. Très important : le jaune doit être coulant et le blanc très cuit pour une meilleure assimilation des acides aminés.

RECETTE 6
BREAKFAST TACOS

Avec seulement deux ingrédients, préparez-vous à vivre un pur moment de bonheur ! En plus d'être simplissime, cette recette est également sans gluten, riche en protéines, parfaitement digeste et réconfortante. Ces tacos peuvent tout à fait remplacer le pain si vous le souhaitez.

Pour 3 tacos

Ingrédients :

300 g de farine de pois chiches
65 cl d'eau
1 cuillère à café de cumin en poudre
1 pincée de sel de l'Himalaya
huile pour la cuisson

Préparation :

1. Dans un saladier, versez la farine de pois chiches, les épices et le sel. Mélangez.
2. Ajoutez l'eau au fur et à mesure en mélangeant. Laissez ensuite reposer pendant 30 minutes.
3. Faites chauffer une poêle huilée. Lorsque celle-ci est bien chaude, versez une louche de pâte. Aplatissez la surface et faites cuire 3 à 4 minutes, puis retournez.
4. Laissez reposer vos tacos, avant de les garnir de tout ce qui vous fait plaisir, en version salée comme sucrée : purée d'amande crue, houmous, avocat, œufs, saumon…

ZOOM SUR...

La farine de pois chiches : riche en protéines et en fibres, elle a aussi l'avantage d'être sans gluten.

RECETTE 7

BEAUTYFUEL PIZZA

Cette pizza peu calorique, sans gluten ni lactose, est riche en nutriments, en antioxydants et en fibres, tout en étant parfaitement digeste.

Pour 2 personnes

Ingrédients :

Pour la sauce

3 poivrons rouges
1 cuillère à café d'huile de coco
2 cuillères à soupe de tahini
1 pincée de paprika
1 pincée de piment de Cayenne (optionnel)
1 pincée de sel de l'Himalaya
1/4 de cuillère à café de vinaigre de cidre de pomme

Pour la pâte

100 g de farine de quinoa
100 g de farine de pois chiches
55 g d'arrow root
55 ml d'eau tiède
1 cuillère à café de sel de l'Himalaya
1 cuillère à café d'herbes de Provence
1 cuillère à soupe d'huile d'olive

Pour le dressage

des champignons de Paris, des poivrons rouges, de la mâche, des graines germées… et tous les légumes que vous aimez !
un filet d'huile d'olive
quelques pincées d'herbes de Provence

Préparation :

1. Préchauffez le four à 180 °C (thermostat 5).

Pour la sauce

2. Lavez les poivrons, épépinez-les et coupez-les en fines lamelles. Déposez-les dans un plat, ajoutez l'huile de coco et le sel. Enfournez et laissez cuire 25 minutes.
3. Lorsque les poivrons sont rôtis, mettez-en une petite poignée de côté pour la garniture et versez le reste dans un mixeur.
4. Ajoutez le tahini, le vinaigre de cidre de pomme, le paprika et le piment de Cayenne. Mélangez jusqu'à obtention de la texture souhaitée (crémeuse et fluide). Laissez refroidir le temps de la préparation de la pâte.

Pour la pâte

5. Dans un saladier, mélangez la farine de quinoa, la farine de pois chiches et l'arrow root.
6. Versez l'eau, puis mélangez en ajoutant le sel, les herbes de Provence et l'huile d'olive. Malaxez la pâte jusqu'à l'obtention d'une boule. Laissez reposer 10 minutes.
7. Saupoudrez une feuille de papier sulfurisé d'un peu de farine de sarrasin et déposez la pâte. Étalez-la à la main jusqu'à la taille et la forme souhaitées. Enfournez pour 20 à 25 minutes.

Pour le dressage

8. Répartissez le coulis de poivrons rouges sur la pizza. Ajoutez vos légumes (champignons, poivrons rouges...), replacez au four 10 à 15 minutes en fonction de votre goût pour le croquant de la pâte et le fondant des légumes.
9. Ajoutez la mâche et les graines germées, arrosez d'un filet d'huile d'olive et parsemez de quelques herbes de Provence.

ZOOM SUR...

L'arrow root : cette poudre très fine issue du rhizome d'une plante tropicale est un liant sans gluten. Très digeste, il apporte de la légèreté à la pâte.

Les farines de quinoa et de pois chiches : sans gluten, elles sont riches en protéines et en fibres.

Le poivron rouge : il est riche en vitamine C et booste l'éclat du teint. Il fournit également de nombreux micronutriments tels que les antioxydants (qui luttent contre les radicaux libres responsables du vieillissement cutané), les caroténoïdes (pour un effet bonne mine) et les flavonoïdes.

Le tahini (purée de sésame) : il regorge de bons lipides tout en apportant une touche gourmande et une texture crémeuse et onctueuse en bouche.

ZOOM SUR

Le chou-fleur : il est riche en fibres et régule le transit.

RECETTE 8
CAULIFLOWER CURRY

Une belle alternative au riz pour les *paleo* et *keto friendly* : le chou-fleur.

Pour 2 personnes

Ingrédients :

1 petit chou-fleur
1 petit brocoli
1 poireau
2 filets de poulet ou 200 g de tofu
200 ml de lait de coco
1 cuillère à café d'huile de coco
1 gousse d'ail
épices au choix (curry, paprika, cannelle…)
poivre noir, sel de l'Himalaya

Préparation :

1. Rincez le chou-fleur et coupez-le en gros morceaux. Passez-le au blender jusqu'à l'obtention de petits grains.
2. Pelez et hachez l'ail. Rincez le brocoli et détaillez-le en petits bouquets. Rincez et émincez le poireau.
3. Dans une casserole, versez l'huile de coco puis l'ail. Faites dorer 5 minutes.
4. Ajoutez le brocoli, le poireau, les épices et le lait de coco. Salez et poivrez.
5. Ajoutez les protéines (tofu ou poulet). Laissez cuire 15 minutes à feu doux.

LE CONSEIL EN +

Sur le dessus, ajoutez quelques slices d'avocat et/ou quelques graines de courge, pour faire le plein d'oméga-3.

RECETTE 9
GREEN GODDESS SALAD

Une recette simple, gourmande, riche en chlorophylle, lipides et protéines, qui combine l'équilibre parfait de micro- et macronutriments.

Pour 1 personne

Ingrédients :

Pour la salade
1 filet de poulet
1 poignée de mâche ou de pousses d'épinards
1 poignée de graines de courge et de tournesol
2 carottes coupées en fines lamelles
épices au choix (paprika…)
1 pincée de sel de l'Himalaya

Pour la sauce
1 cuillère à soupe de sauce tahini
1 cuillère à soupe de vinaigre de cidre de pomme

Préparation :

1. Dans une poêle chaude, ajoutez un peu d'eau, puis déposez le filet de poulet préalablement découpé en lamelles. Saupoudrez d'épices et de sel. Faites cuire en mélangeant de temps en temps jusqu'à ce que le poulet soit grillé.
2. Faites toaster les graines dans une poêle antiadhésive afin qu'elles soient croquantes.
3. Dans une assiette creuse, disposez la mâche ou les pousses d'épinards et les carottes. Ajoutez les graines.
4. Dans un petit bol, mélangez le tahini et le vinaigre de cidre de pomme. Ajoutez un peu d'eau, selon la texture que vous aimez (un peu plus d'eau pour une texture liquide, moins d'eau pour une texture crémeuse).
5. Disposez les lamelles de poulet sur la salade. Versez la sauce, et dégustez.

RECETTE 10

PUDDING DE CHIA

Rapide à réaliser, cette recette est nourrissante et pleine de bons nutriments. C'est le petit déjeuner idéal !

Pour 1 personne

Ingrédients :

2 cuillères à soupe de graines de chia
1 yaourt au lait de coco
1 cuillère à café (environ) de lait de coco pour le rendre plus crémeux
1 cuillère à café de sirop de coco (optionnel)
1 cuillère à café de cacao nibs
quelques fruits rouges (pour les antioxydants)

Préparation :

1. Verser les graines de chia et le lait végétal dans un bol ou un bocal avec couvercle (pour la version *overnight*).
2. Ajoutez le sirop de coco (pour les becs sucrés), mélangez le tout et laissez gonfler 10 minutes pour le manger le jour même, ou laissez reposer au réfrigérateur toute la nuit pour la version *overnight*.
3. Ajoutez les cacao nibs et les fruits rouges, puis dégustez.

ZOOM SUR

Les graines de chia : ce sont d'excellentes sources de fibres et de protéines. Elles stabilisent le taux de sucre dans le sang, ce qui en fait un allié minceur. Elles sont également riches en oméga-3.

Les cacao nibs (fèves de cacao en morceaux) : ce sont d'excellentes sources de fibres et de protéines végétales. Elles contiennent du potassium, du magnésium, du zinc, du cuivre, du phosphore, du calcium et du fer et sont très riches en antioxydants.

ZOOM SUR

La farine de pois chiches : sans gluten, elle est riche en protéines et en fibres.

Les protéines de chanvre : très digestes et bien assimilables, elles contiennent tous les acides aminés essentiels.

RECETTE 11

PANCAKES ULTRA-PROTÉINÉS

Cette recette est très rapide, simple et délicieuse.
Une alternative *guilty free* 100 % My BeautyFuel Food.

Pour 6 pancakes moyens

Ingrédients :

100 g de farine de pois chiches
1 banane très mûre
140 ml de lait végétal de votre choix
1 cuillère à café de cannelle en poudre
1 cuillère à soupe de protéines de chanvre (ou de pois, pour plus de goût) à la vanille
1 pincée de sel de l'Himalaya
1 cuillère à café de vinaigre de cidre de pomme
huile de coco pour la cuisson

Préparation :

1. Dans un petit bol, versez le lait végétal ainsi que le vinaigre de cidre de pomme, laissez reposer quelques minutes le temps que les deux textures se lient (c'est une bonne alternative au beurre).
2. Dans un saladier, versez la farine de pois chiches. Ajoutez la poudre de protéines, la cannelle et le sel. Mélangez le tout.
3. Dans un autre saladier, écrasez la banane. Ajoutez le mélange lait végétal + vinaigre de cidre de pomme.
4. Versez cette préparation dans le saladier avec les ingrédients secs, mélangez le tout et laissez reposer 10 minutes.
5. Faites chauffer une poêle et déposez-y une larme d'huile de coco. Faites cuire pendant 1 minute (ou plus si besoin) de chaque côté
6. Servez vos pancakes avec des fruits rouges frais, une chantilly de coco, des chips de coco....

ZOOM SUR...

Les protéines d'isolate en poudre : l'isolate est une protéine de lactosérum possédant une faible teneur en lactose avec une quantité plutôt réduite en graisses et en sucres, et donc en calories. Sa consommation permet d'améliorer la construction du muscle et d'augmenter l'apport en protéines dans l'organisme.

RECETTE 12

LE SHAKER FULL PROTÉINES D'ANAÏS

Ce shaker est simple, efficace et rapide à préparer. Il est à prendre avant votre séance de sport si vous n'avez pas le temps de petit-déjeuner le matin et/ou directement après votre séance de sport pour faire le plein de protéines, afin que votre corps les assimile rapidement. Je consomme ce shaker depuis dix ans.

Ingrédients :

environ 300 ml de lait végétal (environ la moitié de votre shaker ; si vous en mettez plus, ce n'est pas grave)

2 grosses cuillères à soupe de protéines d'isolate en poudre à la vanille (ou autre saveur), soit environ 30 g

1 poignée de fruits rouges (myrtilles, framboises) ou 1 demi-banane givrée

Préparation :

1. Remplissez la moitié de votre shaker de lait végétal.
2. Dans un blender, versez la poudre de protéines et les fruits rouges ou la demi-banane. Mixez, puis versez dans le shaker et mélangez. C'est prêt !

LE CONSEIL EN +

Pour une alternative plus rapide (sans fruits), utilisez simplement votre shaker : versez le lait végétal et la poudre. Shakez. C'est prêt !

PARTIE 6

Mes astuces en +

Ma méthode ventre plat ne s'arrête pas aux exercices et aux recettes : il s'agit d'une méthode holistique, visant le bien-être à la fois physique et psychologique. Je vous présente ici les outils qui m'aident au quotidien pour rester en bonne santé.

Le test des neurotransmetteurs

Identifier vos carences en neurotransmetteurs (voir les explications p. 59) est une clé importante pour améliorer votre bien-être physique et psychique, et pour vous aider à conserver sur la durée vos bonnes habitudes sport et bien-être.

Ophélie Thiéblemont Kataba et Amina Kriket, les deux coachs en neurosciences dont je vous ai déjà parlé un peu plus haut, invitent leurs clients à réaliser un test en ligne pour déterminer leur profil neurotransmetteurs et leurs éventuelles carences, afin de leur proposer un programme personnalisé encadré par un coach en neurosciences.

Pour réaliser le test en ligne : ***www.myflow-neurocoaching.com***

Pour contacter Ophélie Thiéblemont Kataba et Amina Kriket :
MyFlow.neurocoaching (sur Instagram)

LE CONSEIL EN +

La cohérence cardiaque : respirer pour booster sa sérotonine et sa dopamine

Lorsque nous inspirons, le cœur accélère ; lorsque nous expirons, il ralentit. La variabilité cardiaque se synchronise ainsi avec la respiration. La cohérence cardiaque est un état particulier de cette variabilité engendré par la respiration. En pratique, asseyez-vous confortablement, le dos bien droit, en étirant la colonne vertébrale. La cohérence cardiaque 365 se pratique de la façon suivante :

- 3 fois par jour, au lever, avant le repas du midi, en fin d'après-midi, ou à tout autre moment de la journée.
- 6 respirations par minute, c'est-à-dire une inspiration de cinq secondes, suivie d'une expiration de cinq secondes.
- 5 minutes durant.

Les effets bénéfiques de la cohérence cardiaque apparaissent après trois minutes de pratique et durent de quatre à six heures. Lorsque vous l'associez à votre séance de BellySculpting, les bienfaits sont nombreux :

- augmentation de la DHEA, surnommée l'hormone de jouvence ;
- baisse du cortisol sanguin, l'hormone du stress ;
- augmentation des IgA, participant aux défenses immunitaires ;
- augmentation de la sécrétion d'ocytocine, l'hormone de l'amour ;
- augmentation des ondes cérébrales alpha, favorisant la mémorisation et l'apprentissage ;
- action favorable sur de nombreux neurotransmetteurs, comme la dopamine et la sérotonine, prévenant l'anxiété et la dépression ;
- réduction de la perception du stress et impression de calme.

Mon grimoire magique

Voici des astuces et des routines holistiques qui vous aideront à avancer avec positivité pour mettre en œuvre vos pensées créatrices et réaliser vos objectifs. Il suffit de mettre en place des rituels simples, très efficaces, à répéter 10 minutes tous les jours, au réveil, le soir dans votre lit avant de vous coucher… Ces rituels vous aideront à visualiser, créer, imaginer, anticiper, construire votre propre espace de création et laisser vibrer votre propre magie. L'objectif ? Développer votre intuition, avoir confiance en vous, ouvrir votre troisième œil, prendre conscience de votre puissance, vous organiser, prendre du temps pour vous, extérioriser vos pensées négatives, vous apaiser, et réaliser vos rêves…

RITUEL DE VISUALISATION PROPOSÉ PAR AMAZONITE EYES

Passionnée d'ésotérisme et formée au tarot, Grace (Amazonite Eyes) dispose d'un don : celui de la clairaudience qui lui permet d'exercer des consultations de « guidance » afin d'accompagner, conseiller et guider les personnes dans leur vie. Diplômée en tant que coach de vie, cette jeune femme passionnante et passionnée vous fournit de véritables clés de vie pour avancer et vous permettre d'effectuer les meilleurs choix, toujours sous l'œil avisé du libre arbitre !

La loi de l'attraction

La loi de l'attraction, vous en avez sûrement déjà entendu parler. Peut-être l'avez-vous même pratiquée. Il s'agit d'un courant de pensée qui met en lumière l'influence de l'esprit sur le corps, donc la matière et par extension les expériences de vie. Plus vous pensez et visualisez des opportunités et des événements positifs, plus ils ont de chances de se produire.

Quand on veut pratiquer la loi de l'attraction, on oublie facilement l'un des principes de base : l'important est de ressentir l'énergie dans laquelle on veut être. Si vous tentez d'obtenir un résultat en étant dans une énergie de manque, de détresse émotionnelle, vous n'y arriverez pas. Il faut ressentir l'état dans lequel vous serez lorsque vous aurez atteint votre objectif.

Le rituel de visualisation

Ce rituel de visualisation assez simple vous aide à atteindre vos souhaits.

1. Demandez-vous à quoi ressemblerait votre vie avec ce que vous voudriez avoir. Écrivez-le dans un carnet, sans lésiner sur les détails. Je recommande de faire une double page par thème : sentimental, professionnel, financier, familial, amical, voyages, etc. Vous pouvez écrire, coller des photos, dessiner, surligner des phrases importantes, ajouter des citations… Soyez créative !

2. Programmez une alarme dans 10 minutes, allongez-vous ou installez-vous dans une position confortable, au calme, les yeux fermés. Imaginez qu'on exauce votre vœu maintenant : ça y est, vous êtes avec l'homme qui correspond à votre idéal masculin, vous vivez dans la maison de vos rêves, vous exercez le métier qui vous épanouit, peu importe ce qui vous manque, vous l'avez. Visualisez les détails de cette nouvelle vie, allez en profondeur, décrivez ce que vous voyez, comment vous vous sentez, jusqu'à ce que votre réveil sonne.

3 Maintenant revenez dans le présent. Comment auriez-vous vécu votre journée différemment depuis ce matin ? Votre port de tête est plus haut, vous avancez les épaules vers le bas, sûre de vous et souriante, n'est-ce pas ? C'est cette énergie qu'il vous faut ressentir quand vous voulez que quelque chose se manifeste dans votre vie. Écrivez les détails supplémentaires et les émotions qui vous sont venues.

4 Prenez le temps de faire cet exercice pour chacun des domaines de votre vie. Vous ferez advenir vos rêves plus vite, et de manière plus exacte.

RITUEL DE PURIFICATION DE LA MAISON

Certains objets « magiques » purifient vos lieux de vie (maison, bureau...). Ils vous permettent de nettoyer les anciennes énergies, ou tout simplement de vous approprier votre espace.

- Gros sel (sel rose de l'Himalaya)
- Bâton de sauge
- Palo santo (bois sacré)
- Spray purificateur
- Neuvaine ou bougie blanche
- Quelques fleurs
- Papier à brûler
- Pierres précieuses

RITUEL D'ÉCRITURE DE PLEINE LUNE POUR FORMULER SES VŒUX

La pleine lune est une période intense durant laquelle nos émotions peuvent être influencées, nous pouvons ressentir des émotions plus fortes, notre sensibilité est souvent exacerbée, nous sommes aussi plus sensibles au conflit… Rien de très grave, au contraire ; c'est l'énergie qui se nettoie, comme un portail qui se referme pour laisser place à une nouvelle ère. Durant la pleine lune, c'est le moment de se débarrasser des choses qui nous encombrent, des personnes nocives pour soi-même, d'une situation pesante, bref, de ce que l'on ne veut plus. C'est aussi le moment de faire le point sur soi, sur le mois qui s'est écoulé et de noter ses intentions pour la période prochaine (objectifs, nouvelles règles, routines, résolutions, prise de conscience…).

Matériel : un carnet, un crayon, un bois de palo santo ou un peu de sauge blanche, une bougie blanche de préférence, des allumettes (et quelques cristaux si vous en avez)… Pensez à toujours choisir des matériaux bruts et les plus naturels possible. Par exemple, utilisez des allumettes plutôt qu'un briquet, préférez une bougie de cire végétale à la cire de synthèse. Plus vos outils seront naturels, plus vos intentions seront puissantes.

Protocole d'écriture

Dans la pièce de votre choix, allumez la bougie à l'aide d'une allumette. Déposez quelques cristaux, et faites brûler de l'encens, de la sauge ou du bois sacré pour purifier votre espace et vous imprégner du *mood*.

1. Sur votre carnet, commencez par noter la date, le jour et votre ressenti de la journée. Vous pouvez rédiger des phrases ou bien noter quelques mots évocateurs de votre état.

2. Sur la même page, notez tous les faits (choses, événements, nouvelles) positifs que vous avez vécus (même s'il s'agit de quelques fleurs ou d'un présent que vous vous êtes acheté). Cet exercice est un excellent moyen de vous faire prendre conscience du positif dans votre vie.
3. Sur la même page, notez vos objectifs, vos résolutions, vos rêves même les plus incroyables (il n'y a pas de rêve trop grand). Soyez précise et ayez le sens du détail : plus votre pensée sera précise, plus elle se réalisera de la façon dont vous l'avez imaginée.
4. Sur une autre page, notez les choses, les personnes ou encore les situations dont vous souhaitez vous défaire. Arrachez la page, brûlez-la à l'aide de votre bougie au-dessus de votre lavabo (en faisant très attention), puis lavez les cendres jusqu'à les voir disparaître.
5. N'oubliez pas de purifier vos cristaux afin de les recharger en les posant sur le bord de votre fenêtre.

MES CONSEILS EN +

- **Pensez à purifier les pierres après chaque utilisation en les passant sous de l'eau claire, puis en allumant un bâton de fumigation (de palo santo ou de sauge).**
- **Profitez de chaque pleine lune pour énergiser vos cristaux : déposez-les sur le bord de votre fenêtre toute la nuit.**

LE POUVOIR DES PIERRES, BY SENTARA HOLISTIQUE

Découvrez l'expérience magique du pouvoir des pierres. Mayia Alleaume, fondatrice de la marque Sentara Holistique, nous dévoile ses meilleurs conseils en lithothérapie pour vous aider à sélectionner les meilleures pierres et à faire circuler les énergies dans votre maison.

- **L'améthyste** est la pierre de l'harmonie, de la sérénité et de la sagesse. Elle équilibre le corps et l'esprit et renforce l'intuition. Elle apaise, purifie, stimule la créativité et l'imagination.
- **La tourmaline noire** est une merveilleuse et puissante pierre de protection, elle éloigne et protège des énergies négatives, équilibre et tempère. Elle permet de canaliser les émotions et de s'ancrer dans le moment présent. Elle aligne nos énergies et débloque toute négativité.
- **La labradorite**, appelée aussi pierre du guérisseur, est un véritable bouclier énergétique, connu pour ses vertus de protection. Elle nettoie les énergies polluantes de votre environnement en les absorbant jusqu'à ce qu'elles soient totalement dissoutes. Son action bienfaitrice vous aidera à vous débarrasser de ce qui n'est plus nécessaire et facilitera vos prises de décision.

Voici un mix pour votre foyer, inspiré des énergies yin et yang : ces pierres sont des bijoux énergétiques pour votre maison. Vous pouvez les disposer séparément ou ensemble, selon votre inspiration :

Améthyste = Harmonie
Quartz rose = Amour
Chrysocolle = Communication
Aragonite = Réalisation
Pyrite = Réussite

Entretenir sa routine sport sans pression

MES 10 CONSEILS ANTI-FLEMME

Faire du sport, c'est bien ; s'y tenir régulièrement, c'est mieux ! De nombreuses femmes reconnaissent payer un abonnement à une salle de sport mais ne pas y aller. Et cela, malgré toute la bonne volonté et l'anticipation (achat d'une belle tenue ou d'un superbe tapis). Vous vous sentez peut-être concernée ? Beaucoup de femmes admettent aussi ne pas réussir à se tenir à un programme bien-être, à un rééquilibrage alimentaire, alors que, paradoxalement, l'engouement pour les compléments alimentaires aux promesses impossibles (comme les « brûleurs de graisses ») est toujours plus grand.

Finalement, peu importe les théories, la problématique reste la même : comment entretenir discipline et motivation dans la continuité, sans céder à la paresse et sans culpabiliser au moindre écart ?

1 Prévoir ses courses

On n'y pense pas assez mais l'alimentation joue un rôle primordial pour se créer une routine de sport. En faisant ses courses à l'avance et en visualisant ses plats de la semaine, on sera moins confrontée à la tentation de la commande rapide et des calories inutiles. Et surtout nous savons exactement de quoi est composée notre assiette. C'est la meilleure façon de gérer ses quantités et de se désintoxiquer des aliments transformés et des plats rapides.

2 S'imposer un planning sportif

Avoir un planning sport est indispensable pour s'ancrer dans une routine. N'hésitez pas à définir vos jours et horaires en fonction de votre emploi du temps. Mais surtout, n'y dérogez pas ! Une fois que vos jours sont cochés, il sera plus facile de refuser le verre de blanc en terrasse à 19 heures : « J'peux pas, j'ai sport ! »

3 Trouver la discipline ou le programme qui vous convient

Le sport, c'est perso ! Personne ne pourra vous convaincre de faire du sport si vous n'êtes pas vous-même convaincue par la discipline. Trouver son activité sportive peut paraître anodin, mais certaines personnes n'ont jamais pu persévérer par manque d'intérêt pour les disciplines classiques (CrossFit, yoga, Pilates, salle de sport, indoor cycling, piscine…). Mon conseil est de prendre votre temps pour choisir la méthode qu'il vous faut afin de rester motivée.

4 Se mettre un rappel

Au début, le sport ne sera pas votre premier réflexe, j'en suis consciente… Je vous conseille donc de penser à activer un rappel pour vous aider à ne pas oublier votre séance de Pilates de 8 h 15. Le rappel est aussi un excellent moyen de se motiver dès la première heure.

5 Prévoir son sac de sport

L'organisation est la clé d'une routine assidue. Lorsqu'on allait à l'école, il fallait préparer son sac à dos et sa tenue vestimentaire la veille au soir… Finalement, le sport, c'est la même chose. Préparez en amont votre tenue et un petit sac avec tous vos accessoires essentiels (bouteille d'eau, produits d'hygiène, barre protéinée…).

6 Ne pas réfléchir

Enfilez votre tenue, et *go* ! Ne réfléchissez ni au temps pluvieux, ni à votre problème de chaussettes dépareillées, ni à votre réunion de 10 heures. Faites preuve de courage et ne vous écoutez pas.

7 Se fixer un objectif et ne pas l'oublier

Souvenez-vous que l'été dernier, vous vous sentiez sexy, légère, avec un ventre plus plat et un corps plus tonique. Le corps parfait, on s'en moque ! En revanche, le bien-être, c'est important et il est indispensable que vous puissiez vous sentir bien dans votre corps. Pour cela, je vous conseille de vous fixer un objectif : remettre ce jean canon que vous portiez l'été dernier, retrouver une silhouette plus ferme, perdre ces deux petits kilos en trop… Peu importe, votre objectif ne regarde que vous et ne motivera que vous.

8 Mettre le budget

Si vous investissez un peu d'argent, vous serez bien plus déterminée à rentabiliser cet investissement et à vous motiver.

9 S'imposer un minimum de 15 minutes par jour

Less is more ! Je m'explique : mieux vaut peu de sport que pas du tout. Mieux vaut peu de sport tous les jours que beaucoup de sport de temps en temps. La priorité est d'en faire régulièrement, alors faites-en peu mais régulièrement.

10 Se récompenser

Le samedi c'est *cheat meal* ! On se fait plaisir sans aucune culpabilité, on assume totalement ses pâtes à la truffe. C'est une façon de stimuler ses hormones du plaisir et de se récompenser.

Gérer ses écarts sans culpabiliser

LE GUIDE DU GUILTY FREE

Entretenir un rapport sain avec la nourriture tout en s'accordant quelques plaisirs sans culpabiliser ? Savoir lâcher prise et gérer ses crises alimentaires (comme l'hyperphagie[6]) et ne pas sans vouloir ?

Nous entretenons toutes un rapport différent avec l'alimentation. Signe d'une bonne santé mentale ou signe d'anxiété, de stress, d'angoisse ou de mal-être, il nous définit. Il est important d'apprendre à gérer certaines crises ou encore de se faire plaisir sans culpabiliser. Là aussi, il s'agit d'un conseil indispensable pour soulager vos troubles intestinaux et obtenir un ventre plus plat au quotidien.

Déterminer si vous êtes sujette à un trouble du comportement alimentaire

Si votre quotidien est défini par votre alimentation et que vous entretenez un rapport compliqué avec la nourriture, renseignez-vous et rencontrez un spécialiste. Il vous aidera à identifier le problème et vous accompagnera dans une thérapie pour vous soulager de cette addiction.

Les signes : l'hyper-contrôle

- Vous vous interdisez certains aliments ou certaines familles d'aliments.
- Vous calculez vos calories.
- Vous ne mangez pas après une certaine heure.
- Vous calculez vos heures de repas.
- Vous ne pouvez pas manger ailleurs que chez vous.
- Vous ne mangez jamais ce que l'on vous propose chez des amis.
- Vous ne pouvez pas partir en vacances chez des amis.
- Vous trouvez des prétextes.
- Vous vous renseignez sur la composition de chaque aliment.
- Vous vous sentez obligée de jeûner après chaque repas.
- Vous vous pesez souvent.

6. La crise d'hyperphagie est un trouble du comportement alimentaire qui s'apparente à la crise de boulimie. Contrairement à la boulimie, l'hyperphagie est une prise d'aliments en quantité importante et qui peut se répéter sur plusieurs épisodes, n'impliquant aucune méthode pour « éliminer » ou « perdre » des calories par la suite.

Vous arrêtez de manger si vous prenez 100 g
Vous ne parlez jamais de vos repas. Ou bien vous ne parlez que de ça
Vous devenez allergique au sucre et aux glucides
Vous pouvez manger de manière compulsive, puis ne plus rien manger
Vous ne profitez plus d'un bon plaisir
Vous consommez des laxatifs après chaque repas
Votre table de chevet est remplie de pilules magiques ou de brûleurs de graisses

Cette liste non exhaustive est déjà un bon moyen de vérifier quelques comportements typiques de personnes atteintes de TCA (troubles du comportement alimentaire). N'hésitez pas à consulter un médecin.

S'autoriser le plaisir

Pour éviter de générer du stress et de libérer du cortisol, il est indispensable de se faire plaisir ! Définissez une période de votre semaine (par exemple, vendredi soir et samedi midi ; ou jeudi soir et samedi soir) pour vous accorder une véritable pause. L'idée est que vous puissiez profiter pleinement d'un plat, d'un aliment, d'un dessert, de votre restaurant préféré dans un total laisser-aller, sans prise de tête ni culpabilité. C'est votre jour ! Évitez simplement de répéter cette parenthèse sur deux jours pleins, favorisez deux midis de préférence, sinon deux soirées, et dînez relativement tôt pour mieux digérer.

Manger plus mais mieux !

Manger plus mais plus sainement vous permettra de vous sentir plus rassasiée et moins frustrée. Plus votre apport en nutriments sera équilibré, plus votre organisme fonctionnera correctement, et moins votre cerveau vous demandera de sucre ! Un métabolisme actif, c'est un corps qui élimine mieux, qui se régénère plus vite, qui a moins de carences et qui sera moins sujet aux compulsions grâce à un bon apport en nutriments.

LE PETIT CONSEIL EN +

Pensez à demander un bilan hormonal à votre médecin et checkez votre thyroïde pour vérifier que tout est en ordre et que vous ne souffrez pas d'un quelconque dérèglement ! On n'y pense pas mais c'est INDISPENSABLE !

Ne pas sauter de repas en croyant bien faire !

Plus vous vous affamez, plus vous serez déréglée ! Alors on oublie, et on évite l'effet yoyo. Rappelez-vous que lorsque l'on saute un repas, le corps va stocker des réserves en ralentissant le métabolisme.

Faire du sport régulièrement

Faire du sport pour se faire plus plaisir ? Je n'ai rien à ajouter.

Favoriser les protéines et le bon gras

Qu'elles soient végétales ou animales, les protéines sont une bonne manière de bien manger en se faisant plaisir. Certaines protéines comme la viande blanche sont très intéressantes, car elles sont très faibles en matières grasses, et vous permettent de vous sentir rassasiée plus rapidement. Le bon gras, lui, s'il est consommé le matin, évitera les pics de glycémie et donc les grosses envies de sucre !

Laisser son corps au repos une journée par semaine

Si vous avez enchaîné les écarts dans la semaine : *no panic* ! À votre rythme, reprenez une routine saine en commençant par une détox d'eau, bouillons et soupes une ou deux fois durant la semaine qui suit ! Reprenez ensuite le rythme habituel.

Ne pas suivre de régime !

Mangez suffisamment, mangez plus équilibré et plus régulièrement, en remplaçant vos aliments inflammatoires par des aliments anti-inflammatoires (par exemple, le pain à la farine de blé par du pain noir à la farine de sarrasin).

La période des règles

Si, pendant vos règles, vous vous transformez en une Godzilla qui pourrait avaler toute une ville sur son passage, c'est une autre histoire. Vous êtes déjà mise à rude épreuve, alors ne vous réprimez pas !

Un dîner, un apéro, un resto imprévu ?

Votre objectif est simplement de limiter les dégâts. Attention à l'alcool : deux verres de vin, c'est OK mais pas tous les soirs ! Favorisez les protéines et les crudités à l'apéro, et évitez les desserts trop sucrés. Tout ira bien !

Découvrez mon guide des meilleurs experts bien-être de Paris

Mes meilleures adresses SkinCare

DES SOINS VISAGE AVEC UNE NOUVELLE APPROCHE ESTHÉTIQUE ET HOLISTIQUE

Sculpter son visage avec subtilité : Dr Zriouel, mon meilleur soin visage.

Teint terne, ridules, rides profondes, peau moins rebondie, regard tombant ou encore peau à imperfections… le Dr Siham Zriouel, experte en médecine esthétique, propose de vous sculpter le visage. Après dix années passées au bloc en tant qu'anesthésiste, elle a décidé de se tourner vers la médecine esthétique haute définition. Sa connaissance du corps et des phénomènes de vieillissement lui permet d'envisager une prise en charge globale de l'esthétique pour une beauté interne et externe.

Elle a créé le soin Golden Glow, un soin coup d'éclat, liftant, aux effets immédiats, idéal pour toutes les occasions (une soirée, un mariage, un rendez-vous …) et parfait pour vous sublimer.

Peeling nouvelle génération, Legato, PRP, PRX T33, injections d'acide hyaluronique ou encore baby Botox, microneedling, mésothérapie pour le visage, HydraFacial, épilation laser corps entier, irrégularités de la peau, cicatrices… C'est à elle que je confie mon visage à l'année. Toujours à l'affût des dernières nouveautés et tendances, elle puise ses envies parmi soins coréens, tendances américaines, techniques londoniennes, et ne s'arrête jamais d'innover.

Ses aspirations ? Se spécialiser dans les soins esthétiques de l'intimité féminine afin d'améliorer le quotidien sexuel et intime des femmes. Post-partum, post-ménopause, post-chimiothérapie, fuites urinaires, mycoses à répétition : elle se positionne sur un secteur très peu connu sur le marché, qui permet à toutes les femmes de retrouver confiance, confort, et plaisir.

Dr Zriouel, institut New Age / Prise de rendez-vous sur Doctolib ou par mail : si.zriouel@gmail.com / Instagram : Drzriouel

SE MODELER LE VISAGE TOUT EN BOOSTANT SON ORGANISME AVEC VIOLAINE

Le soin visage holistique, unique et bienveillant. Sans doute le meilleur que j'ai pu tester.

Découvrez l'alliance d'un soin visage classique et d'un massage du visage technique. Une approche holistique, bienveillante et sur-mesure créée par Violaine Phavorin. Elle se déplace dans Paris et sa proche banlieue pour vous offrir un véritable moment d'évasion et de relaxation profonde, un massage d'une heure qui vous drainera jusqu'à stimuler votre transit intestinal. Votre visage est complètement sublimé, comme transformé, votre teint devient ultra-lumineux, certaines de vos ridules sont pratiquement estompées, vos cernes atténués, le soin anti-âge manuel parfait !

Prendre rendez-vous sur Instagram : @violaine-phavorin / 90 € le massage d'une heure

MON MEILLEUR NETTOYAGE DE PEAU, SOIN SIGNATURE DU CENTRE CLEM

Découvrez le nettoyage de peau dermatologique signature, associant l'HydraFacial au peeling, au microneedling et au masque chauffant.

Encore une de mes adresses préférées, située non loin de Paris, dans la banlieue parisienne chic de Suresnes. Ce centre a été fondé par le docteur Hosana, expert en médecine esthétique. Découvrez l'alliance unique d'un HydraFacial (nettoyage de peau en profondeur) combiné au peeling, au microneedling et au masque micro-chauffant sous LED pour une peau traitée et sublimée en profondeur.

Des résultats immédiats, un glow plus qu'éclatant, une peau nettoyée et purifiée en profondeur. Ce soin signature s'adresse aux peaux grasses à excès de sébum, aux points noirs, au teint terne et inégal et aux ridules. Pour une expertise sur-mesure, le centre vous propose un sérum composé et créé sous vos yeux à base d'actifs puissants, en fonction des besoins de votre peau (250 € le traitement incluant le sérum).

180 € le nettoyage dermatologique /
Plus d'informations sur www.clem-esthetique-medicale.paris /
Instagram : @clem_centre_esthetique_medical

Mes meilleures adresses BodyCare

SE REMODELER LE CORPS CHEZ MYALINDA

Incontestablement la meilleure adresse parisienne pour fuseler votre silhouette. Un institut de niche qui se veut sans prétention.

Sthecy, la fondatrice de l'institut Myalinda, est une esthéticienne diplômée avec plus de neuf années d'expérience. Formée en Colombie aux techniques manuelles amincissantes, remodelantes et drainantes, elle est experte en drainages lymphatiques et en massages post-opératoires. C'est aussi l'un des rares instituts parisiens qui utilisent la technique de la madérothérapie (alternance de massages manuels et de massages à l'aide d'outils en bois en provenance d'Afrique). En quelques séances, vous retrouvez un corps galbé, des fesses rebondies, des jambes légères, un ventre plus plat et une meilleure qualité de peau.

Myalinda est l'adresse que j'ai le plus fréquentée au cours de l'année 2021. Je recommande son drainage du ventre, mais aussi celui des jambes si comme moi vous souffrez de lipœdème ou de problèmes de rétention d'eau et de circulation sanguine. Des cures de plusieurs séances sont recommandées afin d'obtenir des résultats durables.

www.myalinda-paris.com / Instagram : @myalindaparis

LE MASSAGE SUR-MESURE ADAPTÉ AUX BESOINS FÉMININS BY LILY

Entre Biarritz et Paris, découvrez le massage féminin de Lily, au plus près de vos hormones et de vos organes, pour équilibrer votre centre énergétique.

Lily Faget Beaumont est une massothérapeute qui a su créer des soins sur-mesure au féminin pour se réapproprier son corps dans sa globalité et rééquilibrer son *chi*. Massage hormonal, viscéral ou encore kobido visage... Lily vous régénère, vous équilibre, vous énergise, vous harmonise, vous fait du bien. Une nouvelle approche plus ronde, plus féminine, plus intuitive du massage corps, ciblant immédiatement vos besoins et vos carences physiologiques et énergétiques du moment.

Sa spécialité, le Bliss Massage, est un soin inspiré de la tradition chinoise et taoïste, avec une approche féminine dans le but de rééquilibrer votre centre énergétique. Ce massage viscéral est idéal pour stimuler et drainer ses organes internes.

Vous pouvez prendre rendez-vous par e-mail : lilysmassages75@gmail.com / Instagram : @lilysmassage

CENTRE LAZ ESTHIC, LES MEILLEURS PROTOCOLES MINCEUR

Les meilleurs soins sur-mesure pour une silhouette harmonieuse.

Micronutrition, mésocellulite, cryolipolyse et radiofréquence, LED… découvrez toute la technologie des meilleurs soins minceur de Laz Esthic, un nouvel établissement niché dans le 16e arrondissement de Paris. Faites votre diagnostic personnalisé pour que les experts puissent traiter au mieux votre ou vos problématiques. Cellulite, traitement pour diminuer et déstocker les graisses radicalement, obtenir un fessier bombé, des abdominaux plus dessinés, traiter votre qualité de peau pour l'améliorer, nutrition spécifique pour améliorer votre système digestif, perdre du poids ou encore accélérer votre métabolisme. Foncez !

Plus d'informations sur www.lazesthic.com / Réservations sur Doctolib / 90 avenue Niel 75017 Paris / Instagram : @lazesthic

Mes meilleurs spas

HAMMAM TRADITIONNEL ET BEAUTÉ ORIENTALE CHEZ O'KARI

L'authenticité traditionnelle orientale nichée au cœur de Paris. Le meilleur hammam !

S'il y a bien une règle à laquelle je ne déroge pas, c'est bien celle de mon nettoyage de corps chez O'Kari une fois tous les deux mois en compagnie de ma sœur Sofiia. Bien plus qu'un hammam, une véritable institution fondée par Karima. Découvrez le plus bel hammam logé au cœur de Paris, profitez d'un moment unique pour vous ressourcer en vous faisant nettoyer au savon noir et au gant de crin. Profitez d'une évasion digne d'un voyage aux mille et une nuits. En groupe de copines, pour une célébration, en compagnie de votre mère… l'expérience du hammam O'Kari vous émerveillera.

Accessible aux femmes uniquement / www.o-kari.com / Instagram : @okarihammam

ALERTE DETOX SAUNA INFRAROUGE BY BELLEYME

Réchauffez-vous, purifiez-vous. Le meilleur sauna infrarouge.

Belleyme est un lieu atypique et holistique reposant sur le principe du sauna infrarouge et du coffee shop. Idéal pour régénérer vos muscles si vous êtes courbaturée, pour vous détendre mais aussi pour éliminer les toxines. Comme au sauna, le principe est de profiter de 15 minutes de chaleur pour booster votre système immunitaire, renouveler vos cellules, votre peau, améliorer votre qualité de sommeil, et assouplir vos muscles ou encore soulager une blessure musculaire ou articulaire. À la différence du sauna classique, les rayons pénètrent dans vos tissus profonds et réchauffent directement votre corps. Possibilité de profiter d'une séance plus longue que celle d'un sauna classique, avec une sudation plus intense.

Les bénéfices sur le corps : un organisme boosté, un métabolisme activé, on brûle plus de graisses et on réduit les métaux lourds. Les bénéfices pour la peau : la chaleur infrarouge stimule directement la production de collagène, elle permet aux tissus de se renouveler plus vite, facilitant alors la cicatrisation et aidant à lutter contre les imperfections. Un coup de glow garanti !

45 € les 50 minutes en cabine simple, 20 € supplémentaires pour une personne supplémentaire dans votre cabine. / Informations et réservation sur www.belleyme-paris.com / Instagram : @belleyme.paris

Mes meilleures adresses sport pour se façonner un body de rêve

STUDIO RITUEL BY VERENA

Ou comment pratiquer le meilleur Pilates de Paris avec Verena Tremel.

Découvrez et redécouvrez le Pilates en compagnie de Verena Tremel, fondatrice du studio Rituel, professeure et formatrice de Pilates, et danseuse. Cette professionnelle du mouvement vous fera non seulement adorer le Pilates et la subtilité de ses machines (Reformer, Wunda Chair, Cadillac) mais aussi comprendre l'engagement du corps et de l'esprit.

Des professeurs d'une expertise rare, un matériel de pointe, des cours puristes : j'ai eu la chance d'être formée à ses côtés et d'avoir bénéficié du meilleur enseignement qui existe en France. Chez Rituel, la précision, la conscience du corps, la qualité du mouvement et le respect du corps font partie de cette philosophie de vie. Un art du corps, un bien-être 360°. Sculptez-vous de l'intérieur et de l'extérieur.

Pour aller plus loin et vous tonifier toujours plus, vous pouvez aussi retrouver Verena sur application lors de cours en ligne.

Plus d'information sur le site www.studio-rituel.paris / 16 rue de la Grande-Chaumière 75006 Paris / Cours en ligne : Pilates&Beyond app / Instagram : @studiorituel

YOGA ET HIP-HOP INSPIRANT ET EN MOUVEMENT BY TIHHY

Clotilde Chaumet se réapproprie le yoga en mouvement dans un univers créatif et unique en son genre.

TIHHY a été cofondé par Clotilde Chaumet pour partager sa pratique et un univers créatif. Inspiré par différents types de yoga équilibrant la force, la souplesse et le mental, TIHHY est une pratique intense où le mouvement, l'esprit et la musique ne font qu'un pour aller très loin. Portée par l'énergie du cours et les vibes du hip-hop, vous apprendrez de nouvelles techniques et connaissances précises sur les asanas, le pranayama et la méditation et vous enchaînerez les postures pour ressortir plus forte physiquement et spirituellement. Sans doute le cours de yoga le plus exceptionnel et le plus inspirant à Paris.

Retrouvez le planning des cours TIHHY à Paris 4e et 20e sur tihhy.com (le planning est annoncé chaque dimanche à midi) ou pratiquez où vous voulez, quand vous voulez, en ligne sur TIHHY TV : tv.tihhy.com / Instagram : @tihhy

AQUA BY : DITES ADIEU À VOS CAPITONS

Du vélo, du cardio, du mouvement… le tout dans l'eau !

« L'eau exerce une résistance beaucoup plus importante que l'air et fait travailler les muscles en intensité en agissant réellement sur la cellulite tout en réduisant les risques de courbatures. La dépense énergétique d'une séance de 45 minutes d'aquacycling peut aller jusqu'à 600 calories. » C'est la promesse de ces cours d'aquabike nouvelle génération, un moyen unique de se dépenser en profitant sans compter les minutes. Des cours collectifs entraînants, des playlists cool, des mouvements efficaces : vous travaillerez l'ensemble de votre body pour vous sentir sexy à l'année. Aquabiking, Performing, AquaHiiT, CAF, Aquacross ou Aquapalming… une liste innovante de cours pour une expérience nouvelle !

Plus d'informations sur www.aqua-by.com /
Tous les studios : Boulogne, Réaumur, Bastille et Charonne

21 BLANCHE

Au cœur du complexe sport et bien-être le plus haut de gamme de la capitale.

Salle de sport, cours collectifs, piscine, hammam, sauna, avant-premières cinéma, c'est à 21 Blanche que se déroulent la plupart de mes entraînements. Bien plus qu'une simple salle de sport, ce lieu vous offre un confort bien-être digne d'un hôtel haut de gamme. Pas besoin d'apporter sa serviette, ni ses produits d'hygiène, tout a été conçu pour vous faciliter la vie. Une carte de cours tendance et innovants avec tous les basiques d'une salle de sport accessibles à tous les niveaux. Mes cours préférés ? Aquapulse, un cours signature qui consiste à faire des exercices de renforcement sur une planche épaisse et large pour renforcer tout le corps et travailler son équilibre. Antigravity, un autre cours exceptionnel : une séance de yoga dans les airs, au cours de laquelle nous travaillons nos inversions à l'aide d'un hamac. Une expérience qui vous transcende et vous retourne ! Le gros plus de cette salle de sport ? La piscine et surtout le spa sont accessibles à tous les membres. Sauna et hammam sont à votre disposition tous les jours en plus des douches, crèmes et serviettes !

Plus d'informations sur www.21blanche.com / Instagram : @21blanche

CHEZ MON COACH TANTÉLY

Coach certifié et diplômé d'État, Tantély a lancé son propre studio de coaching sur-mesure dans le 18e.

Vous l'avez certainement déjà vu dans le programme BellyBoxing. Bien plus qu'un simple ami, il m'a tout appris et m'a donné l'envie de faire du sport mon métier. Découvrez ses coachings très performants, accessibles, atteignez vos objectifs rapidement et efficacement, reprenez votre vie en main. Son petit plus ? Ses tarifs accessibles et sa bonne humeur constante ! On adore Tantély.

Plus d'informations et tous les tarifs sur www.chezmoncoach.com / Instagram : @chezmoncoach

EYE-D

Agence hybride et créative dans le domaine du sport, regroupant un studio photo et un studio de coaching.

J'ai rencontré Maxime Krantz l'hiver dernier, et grâce à lui j'ai retrouvé ma motivation et ma rigueur. Nous avons travaillé ensemble pendant six mois. Maxime et son équipe développent des projets autour du sport et ils seront ravis de vous accueillir dans leur studio situé dans le centre de Paris. Possibilité de coaching privé ou en groupe restreint. Circuit et entraînement sur-mesure, adaptés à vos plannings, plusieurs coachs diplômés.

21 rue Blondel 75002 Paris / Plus d'infos et prises de rendez-vous sur www.eyedagency.com / Instagram : @eyedagency

Spiritualité

AMAZONITE EYES, DES CONSULTATIONS PERSONNALISÉES ALLIANT GUIDANCE, TAROT, MANIFESTATION ET DÉVELOPPEMENT PERSONNEL

Une nouvelle approche de la voyance, plus moderne, plus précise, et surtout des clés pour avancer au quotidien.

Questionnements, introspection, évolution d'une situation ? Découvrez l'univers magique et surprenant de Grace Wilson, clairaudiente et coach de développement personnel. Grace vous permet de vous éclairer, de vous guider, de vous conseiller, et de vous proposer des solutions concrètes pour atteindre vos objectifs dans votre vie.

Bienveillance, intuition, sensibilité font d'Amazonite Eyes une référence dans l'univers des arts divinatoires à Paris. À mes yeux, Grace est une véritable guide à avoir à ses côtés au quotidien ou annuellement pour faire le point, le choix étant laissé au libre arbitre.

Ses consultations se font par téléphone ou en visio au prix de 150 € de l'heure pour une première consultation. Le petit plus ? Grace dispose de son propre programme « L'envers des cartes » pour vous apprendre à tirer les cartes, et à développer votre intuition. Avec ce programme, le tarot devient accessible à tous et à toutes, vous permettant ainsi de développer votre intuition et de répondre vous-même aux questionnements que vous pourriez avoir.

Toutes ses consultations, ses tarifs, et autres informations sur www.amazonite-eyes.com / Instagram : @amazoniteyes

Solidarité

SOCIAL VISION

Association caritative de runners urbains qui se réunissent chaque semaine pour courir et mener des projets solidaires autour de l'environnement et des problèmes de société.

Plus d'infos sur www.socialivision.paris / Instagram : @socialvisionparis

Autres adresses

SE FAIRE MASSER LE VISAGE

Delphine Langlois

Sophie Carbonari

Holidermie

Face Up

Mélanie Facialiste, Renata

Les Jolies Pommettes, Léa Krakovitch

UNE PARENTHÈSE BIEN-ÊTRE

Spa Clemens

Spa Lutecia

Spa Nuxe

Spa L'échappée

SPIRITUALITÉ

Franck Loo, nettoyages psychiques

Dans les Hautes Herbes, astrologie

Susanne Klein, Human Design

MÉDECINE ET RÉCUPÉRATION SPORTIVE

Charlotte Wang, ostéopathie de la femme enceinte

Kevin Bijaoui, ostéopathie générale

Neuro Recup', chiropracteur

Pôle Recup', cryothérapie et récupération musculaire

RESTAURANTS ET FOOD TIPS

MyBeautyFuel Food, Beauty&Intuitive food

Marie Cortes, traiteur sur-mesure

Magniv, restaurant

BeSpoke, healthy restaurant

Season

TABLE DES MATIÈRES

NOTES

NOTES

NOTES

NOTES

NOTES

NOTES

NOTES

Cet ouvrage est composé de matériaux issus de forêts bien gérées certifiées FSC®,
de matériaux recyclés et de matériaux issus d'autres sources contrôlées.
Le Forest Stewardship Council® est une organisation internationale non gouvernementale qui encourage une gestion écologiquement adaptée, socialement bénéfique et économiquement viable des forêts de la planète.
Pour en savoir plus, consultez le site www.fsc.org

FSC www.fsc.org
MIXTE
Papier issu de sources responsables
FSC® C007507

Achevé d'imprimer en avril 2022 par Graphycems
Dépôt légal : mai 2022
Imprimé en Espagne